라틴어 동사 어미 변화표

	능동태 미완료 시제				수동태 미완료 시제	
	LAUDO	MONEO	REGO	AUDIO		
현재	laud-ō	mon-e-ō	reg-ō	aud-i-ō		(o)r
	laud-ā-s	mon-ē-s	reg-is	aud-ī-s	laudā-	(e)ris
	laud-ā-t	mon-ē-t	reg-it	aud-ī-t	monē-	tur
	laud-ā-mus	mon-ē-mus	reg-imus	aud-ī-mus	regi-	mur
	laud-ā-tis	mon-ē-tis	reg-itis	aud-ī-tis	audī-	minī
	laud-a-nt	mon-e-nt	reg-unt	aud-i-unt		ntur
반과거	laud-ā-ba-m	mon-ē-ba-m	regē-ba-m	aud-iē-ba-m		r
	laud-ā-bā-s	mon-ē-bā-s	regē-bā-s	aud-iē-bā-s	laudābā-	ris
	laud-ā-ba-t	mon-ē-ba-t	regē-ba-t	aud-iē-ba-t	monēbā-	tur
	laud-ā-bā-mus	mon-ē-bā-mus	regē-bā-mus	aud-iē-bā-mus	regēbā-	mur
	laud-ā-bā-tis	mon-ē-bā-tis	regē-bā-tis	aud-iē-bā-tis	audiēbā-	minī
	laud-ā-ba-nt	mon-ē-ba-nt	regē-ba-nt	aud-iē-ba-nt		ntur
미래	laud-ā-b-ō	mon-ē-b-ō	reg-am	aud-i-am		(o)-r
	laud-ā-bi-s	mon-ē-bi-s	reg-ēs	aud-i-ēs	laudābi-	(e)-ris
	laud-ā-bi-t	mon-ē-bi-t	reg-et	aud-i-et	monēbi-	tur
	laud-ā-bi-mus	mon-ē-bi-mus	reg-ēmus	aud-i-ēmus	regē-	mur
	laud-ā-bi-tis	mon-ē-bi-tis	reg-ētis	aud-i-ētis	audiē-	minī
	laud-ā-bu-nt	mon-ē-bu-nt	reg-ent	aud-i-ent		ntur

	능동태 완료 시제				수동태 완료 시제	
현재 완료	laud-āv-ī	mon-u-ī	rēx-ī	aud-īv-ī	laudātus	sum
	laud-āv-istī	mon-u-istī	rēx-istī	aud-īv-istī	monita	es
	laud-āv-it	mon-u-it	rēx-it	aud-īv-it	rēctum	est
	laud-āv-imus	mon-u-imus	rēx-imus	aud-īv-imus	audītī	sumus
	laud-āv-istis	mon-u-istis	rēx-istis	aud-īv-istis	laudātae	estis
	laud-āv-ērunt	mon-u-ērunt	rēx-ērunt	aud-īv-ērunt	monita	sunt
과거 완료	laud-āv-eram	mon-u-eram	rēx-eram	aud-īv-eram	laudātus	eram
	laud-āv-erās	mon-u-erās	rēx-erās	aud-īv-erās	monita	erās
	laud-āv-erat	mon-u-erat	rēx-erat	aud-īv-erat	rēctum	erat
	laud-āv-erāmus	mon-u-erāmus	rēx-erāmus	aud-īv-erāmus	audītī	erāmus
	laud-āv-erātis	mon-u-erātis	rēx-erātis	aud-īv-erātis	laudātae	erātis
	laud-āv-erant	mon-u-erant	rēx-erant	aud-īv-erant	monita	erant
미래 완료	laud-āv-erō	mon-u-erō	rēx-erō	aud-īv-erō	laudātus	erō
	laud-āv-eris	mon-u-eris	rēx-eris	aud-īv-eris	monita	eris
	laud-āv-erit	mon-u-erit	rēx-erit	aud-īv-erit	rēctum	erit
	laud-āv-erimus	mon-u-erimus	rēx-erimus	aud-īv-erimus	audītī	erimus
	laud-āv-eritis	mon-u-eritis	rēx-eritis	aud-īv-eritis	laudātae	eritis
	laud-āv-erint	mon-u-erint	rēx-erint	aud-īv-erint	monita	erunt
명령	laudā!	monē!	rege!	audī!	e.g. laudāre!	
	laudāte!	monēte!	regite!	audīte!	laudāminī!	
부정사	laudāre	monēre	regere	audīre	e.g. laudārī	
	laudāvisse	monuisse	rēxisse	audīvisse	laudātum esse	

표지 설명 로마시대의 부부 학생(폼페이 출토품)

라틴어첫걸음

ELEMENTA LINGUAE LATINAE ALUMNIS ACADEMICIS DESTINATA

성 염 지음

Bosco Youm SEONG

경세원

저자약력

1942년 전남 장성 출생
가톨릭대학교 및 광주가톨릭대학교에서 신학 전공(신학석사)
로마 교황립 살레시안대학교에서 고전문학 전공(라틴문학박사)
한국외국어대학교 철학과 교수(1988~1990)
서강대학교 철학과 교수(1990~2005)
주교황청 한국대사(2003~2007) 역임

저자의 라틴어 저서

『라틴―한글 사전』(편찬위원, 1995, 가톨릭대학교출판부)
『고급 라틴어』(2014, 경세원)

저자의 라틴어 원전 번역·주해

아우구스티누스, 『고백록』(*Confessiones*, 2016, 경세원)
피코 델라 미란돌라, 『피코 델라 미란돌라―인간 존엄성에 관한 연설』
　　(*Oratio de hominis dignitate*, 2009, 경세원)
단테 알레기에리, 『단테 제정론』(*De Monarchia*, 2009, 경세원)
키케로, 『법률론』(*De legibus*, 2007, 한길사)
아우구스티누스, 『삼위일체론』(*De Trinitate*, 근간, 분도출판사)
아우구스티누스, 『신국론』(*De civitate Dei*, 2004, 분도출판사)
아우구스티누스, 『자유의지론』(*De libero arbitrio*, 1998, 분도출판사)
아우구스티누스, 『찬양시편 강론―해설』(1995, 바오로딸)
아우구스티누스, 『그리스도교 교양』(*De doctrina christiana*, 1989, 2011[2] 분도출판사)
아우구스티누스, 『참된 종교』(*De vera religione*, 1989, 2011[2] 분도출판사)

기타

『아우구스티누스, 명상록』(1993, 바오로딸)
『성아우구스티누스傳』(1992, 바오로딸)

라틴어 첫걸음

2003년 7월 30일　초판　1쇄　발행
2022년 3월 21일　초판　11쇄　발행

저　자　성　　　염
발　행　인　김　영　준
발　행　처　경　세　원
10881 경기도 파주시 회동길 77-4
등록 1978. 12. 14 No. 1-57(윤)
☎ 031)955-7441~8 Fax 031)955-7444

저자와의 협의로 인지첨부는 생략합니다.

정가 22,000원　　　　　　　ISBN 89-8341-053-1 93780

목 차

Aquila victoriae

DUENOS ME FECED EN MANOM EINOM

LATINE DISCERE IUVAT.

라틴어를 공부하는 이들에게

0. DUENOS ME FECED EN MANOM EINOM

"보누스가 무난한 솜씨로 나를 만들었다."

이 글귀는 기원전 5세기경으로 추정되는 도자기에 새겨진 것으로, 뜻은 확실하지 않지만 퀴리날리스와 비미날리스 언덕 사이에서 나온 출토품에 해당하며, 로마 포룸에서 나온 석주(Lapis niger)와 더불어, 현재까지 발굴된 가장 오래된 라틴어 금석문이다. 고대 금석문 연구가들은 현대 서구어의 모체인 라틴어 알파벳이 그리스어 문자를 바탕으로, 이탈리아반도 서북부에 거주하던 에트루스키인들의 철자를 거쳐서 형성된 것으로 본다.

1. 라틴어(Lingua Latīna)는 이탈리아 반도 중서부 라티움(Latium) 주민의 방언이었으며, 이 방언을 쓰던 라티움족이 기원전 8세기경 반도 중부에 로마를 창건하여 그 도시가 오늘에 이른다. 로마의 정치 군사력이 팽창하여 지중해 연안을 정복하고 로마 제국(Imperium Rōmānum)을 건설함에 따라, 라틴어는 서구의 공용언어로 통하였고, 중세를 거치면서 현대 유럽어, 특히 로망스어 형성에 막대한 영향을 끼치게 된다.

2. 라틴어가 문전상으로 사용되어 온 것도 2천 5백 년이 넘기 때문에, 이 언어의 발전 단계와 발음하는 방식에 따라서 구분을 한다. 로마가 흥성하고, 키케로 같은 대문장가들이 활약하던 시대 이전의 라틴어를 '상고 라

틴어'(Latīnitās archaica)라 부른다. 산문에는 키케로와 세네카, 시문에는 호라티우스, 베르길리우스, 오비디우스 같은 거장들이 등장하여 라틴 문학의 황금기를 이루던 시대의 언어는 '고전 라틴어'(Latīnitās classica)라고 한다. 기원후 로마제국이 주변의 열강들을 제압하고 문화 중심을 이루면서부터 제국의 신민들이 폭넓게 사용하던 라틴어는 발음과 어휘에 상당한 변화를 가져와, '서민 라틴어'(Latīnitās vulgāta)라고 하였다. 서로마제국이 멸망(A.D. 476)한 다음에 정치 문화상으로 암흑시대를 맞은 서구에서 그리스도교가 교황권을 중심으로 사회의 제도적 축을 이루고 라틴어를 공용어로 삼아 중세 문화로 부흥시킬 때의 라틴어는 이 '불가타'였다. 문예부흥시대에 에라스무스 같은 학자들을 중심으로, 라틴어의 불가타 발음이나 어법을 버리고 고전의 발음과 문체를 복원하자는 움직임이 있어 소위 '고전 발음'이 만들어졌지만 로망스어계와 로마가톨릭교회는 여전히 '불가타 발음'(또는 '스콜라 발음')을 사용하고 가르친다.

3. 오늘날 '유럽 연합'을 창설한 서구인들은 헬레니즘(그리스문화와 로마문명)과 헤브라이즘(또는 그리스도교)을 유럽 문화의 두 기둥으로 간주하고 새 세대들에게도 그렇게 가르치고 있다. 라틴어 학습은 서구 문화의 뿌리에 직접 접근하는 가장 좋은 방도이다. 또 그리스어와 라틴어의 놀라운 논리적 구조를 우리의 사고에 도입하는 부수 효과도 서구인들의 사고방식에 접하는 데 도움이 된다. 그리고 라틴어 학습은 무엇보다도 현대 서구어들을 근원에서 파악하고 이해하는 지름길이기도 하다. 프랑스어, 스페인어, 이탈리아어, 포르투갈어는 말할 나위도 없으려니와 영어 사전을 펴보더라도, 라틴어가 우리말 사전에서 한자와 비슷한 역할을 하고 있음을 감지하기에 이른다.

4. 저자는 가톨릭대학교의 신학부가 아닌 일반 대학에서 고전 라틴어를 공부하는 이들을 위해서 《古典 라틴어》(1995, 바오로딸)를 저술한 바 있다. 한 권의 책에 초급 문법부터 문장론에 이르기까지 모두 담아 세 학기 정도의 학습으로 중급 수준의 라틴어 지식을 습득하게 하려는 의도였다. 그러나 소수 대학에서 교양과목으로 개설하는 라틴어 강좌는 한 학기로 끝나게 마련이어서 한 학기 30여 시간으로 초급 문법을 공부할 만한 교재의 필요성을

라 틴 어 사 전

mens, mentis f. 정신, 지성, 생각 → mentalis, e.(65쪽, 제9과 참조)의 파생어들

영 한 사 전

mén·tal¹ [méntl] a. 1 마음의, 심적인(opp. physical) a ~ worker 정신 노동자　2 지적인, 지력의　3 정신병의　4 외는, 외서 하는 ~ calculation 암산　5 정신이 박약한 - n. 정신병 환자, 정신 박약자

mén·tal² a. [解]턱의

méntal áge 정신 연령, 지능 연령

méntal bòdy 멘탈체(육체에 겹쳐 영계에 거주하는 몸)

méntal crúelty 정신적 학대

méntal cúlture 정신 수양

méntal deféctive 정신병자, 정신박약자

méntal defíciency 지능 장애, 정신 박약

méntal diséase 정신병, 정신 장애(mental disorder[illness]라고도 함)

mén·tal·ism [méntəlizm] n. 유심론, 멘탈리즘

men·tál·ity [mentǽləti] n. 정신성, 심성, 지성, 심적 상태, 심리, 정신

mén·tal·ly [méntəli] ad. 정신적으로, 마음속으로(opp. physically)

méntal reservátion [法] 심리 유보

méntal retardátion [心] 정신지체

méntal tést [心] 지능 검사

men·tá·tion [mentéiʃən] n. 정신 작용, 정신 기능; 심리상태, 정신상태

mén·ti·cide [méntəsàid] n. 두뇌 살해(정신적 육체적 고통을 주어 정상적인 사상을 파괴하는 일) (cf. brainwashing)

mén·tion [ménʃən] vt. …에 관해서 말하다, 언급하다; (이름을) 들다; Don't ~ it. 천만에 말씀입니다 - n. 언급, 기재, 진술, 촌평

mén·tioned [-d] a. (보통 복합어로서) 말한, 언급한

Men·tor [méntɔr] n. 1 멘토르(Odysseus가 그의 아들의 교육을 부탁했던 선도자)　2 [m~] 선도자(先導者)

mén·u [ménjuː, 미+méi-] n. 1 식단표, 메뉴　2 음식, 요리　3 메뉴(프로그램의 기능 등이 일람표로 표시되는 것)

불 한 사 전

mental, a, aux [mãtal., -o][lat. mentalis < mens, mentis] adj. 마음의, 정신적인 calcul ~ 암산, petits ~aux 저능아　n.m. 지적 요소

mentalement [mãtalmã] adj. 마음속으로, 정신적으로

mentalité [mãtalite] n. 1 정신상태, 심리상태; 마음성, 마음보, 심보　2 품행

menterie [mãtʀi][<mentir] n.f. 거짓말 (=mensonge)

menteur, euse [mãtœːʀ, -øːz] [<mentir] adj. 거짓말하는, 거짓의, 허위의; 가짜의, 헛된, 허망한 n. 거짓말쟁이 n.f. 헛바닥

menthe [mãːt] n.f. 박하

menthe-coq [mãtkɔk] n.f.[植]=balsamite

menthol [mɛ̃tɔl] n.f.[化·藥] 박하뇌

mentholé, e [mɛ̃tɔle][↑] adj. 박하뇌가 든

mention [mãsjɔ̃][lat. mentio < mens, mentis] n.f. 1 언급, 기재, 기술　2 (성적 따위의) 평점, 등급

mentionner [mãsjɔne] v.t. 언급하다, 기술하다, 기재하다, 표창하다

mentir [mãtiːʀ][bas lat. mentire] v.i. 거짓말하다; …에 반대되는 일을 하다. …을 어기다; 자기 자신을 속이다

mentor [mɛ̃tɔr][<Mentor, gr, Mentôr, ami d'Ulysse et de précepter de Téléma que] n.m. 사부, 스승; 지도자; 조언자

menu, e [məny][lat. minutus, part. pass. de minuere(=diminuer)] adj. 작은, 호리호리한; 자그마한, 자질구레한, 가느다란;하찮은, 사소한 n.m. 1 메뉴, 식단표; 정식　2 자세한 상황, 상세　3 서민층

menuaille [mənyaj] n.f. 하찮은 것; 잔돈푼

menuet [mənɥɛ] n.m.[舞踊·藥] 미뉴에트

menuisage [mənɥizaːʒ][<menuiser]n.m. (나무를) 일정한 길이로 자르기

menuisaille [mənɥizaːʒ][<menuise]n.f. 1 (튀김용의) 잔 물고기　2 산탄(散彈)

느껴 이 책을 엮었다.

5. 그러나 품사론과 문장론을 따로 다루지 않고 한데 엮어 처음부터 품사를 문장소로서 문장 안에서 차지하는 기능에 따라서 품사를 파악하게 교재를 짰다. 문법상 가장 요긴하고 규칙적인 내용만 다루고 불규칙이나 세부적인 사항은 《古典 라틴어》에서 보완하도록 배려하였으며, 동사도 직설법에서 그치고 접속법을 사용하는 속문은 다음 과정으로 넘겼다. 그러나 본서의 연습문제는 《古典 라틴어》의 연습문제와 중복되는 문장들이 없으므로 복습 삼아 후자를 공부하고 그 연습문제를 풀어보는 것은 매우 유익하리라고 본다.

6. 한 과목을 50분 수업 한 시간으로 공부하도록 짜보았는데 연습문제 숫자를 조정하면서 수업한다면 무난하리라 본다. 한 연습문제를 푸는 과제가 여럿 부과되어 있을 경우에는 첫 번 과제만 먼저 풀고 두 번째나 세 번째 과제는 해당 과목 문법 개요를 마친 다음에 다시 돌아와 복습 삼아 풀어보는 편이 바람직하다.

7. 어휘는 빈도수에 의해서 조사된 라틴어 기본어휘 600여 단어 내에서 문장을 꾸미도록 노력하였다. 적어도 일반 문제의 문장에 구사된 어휘는 본서 뒤의 단어장에 기본어가 나올 것이다.

8. 이 교재를 꾸미고 펴내는 데 도움을 주신 분들에게 감사드린다. 먼저 1997~1998년 해외교수 파견지원으로 저자에게 로마에서 라틴어학자들의 조언을 받으며 이 교재를 집필할 기회를 마련해준 한국학술진흥재단에 감사드린다. 그리고 저자의 은사로서 이 교재 초본으로 서강대학교에서 초급라틴어 수업을 진행하면서 부족한 점을 보완해 준 모지웅(Jesus Molero s.d.b.) 신부님과 전 페이지에 장모음을 표시하고 문법적 조언을 아끼지 않은 단국대학교 그로스(Nikolaus Gross) 교수님께 고마움을 표하는 바이다.

끝으로 국내의 어려운 출판 여건을 무릅쓰고 이 책을 펴내 준 경세원의 김영준 사장님과 편집, 교정을 맡아준 이영란 선생님께 감사드린다.

Lupa Capitolina lactans Romulum et Remum

■ 학술서적에 자주 나타나는 라틴어 약호

N.B.	Notā bene!	주의!	loc. cit.	locō citātō	상게서
e.g.	exemplī grātiā	예를 들어	n.	nŏtă	각주(脚註) 주(註)
cf.	cōnfer!	참조	p.	pāginā	면, 쪽 p.186
i.e.	id est	말하자면	sq.	sequēns	… 이하
etc.	et cētera	등등	sqq.	subsequēns	… 이하(계속)
opp.	oppositum	반대(말)	A.D.	Annō Dominī	서기(西紀)
t.t.	terminus technicus	전문용어	a.Chr.n.	ānte Chrīstum nātum	기원전[B.C.]
et al.	et aliī	그밖의 다른 저자	p.Chr.n.	post Chrīstum nātum	기원후[A.D.]
ed.	ēditiō, ēditor	…판(版), 편	P.S.	post scrīptum	추신(追伸)
op. cit.	opus citātum	상게서	a.m.	ante merīdiem	오전
ibid.	ibīdem	상동(上同)	p.m.	post merīdiem	오후

■ 우리 주변에서 자주 보는 단어들

mīllennium	mīlle + annī	천년대	
@	ad	(전치사) …에게, …에	
videō		"나는 본다."	
FAX	fac simile!	"비슷하게 만들어라!"	
BUS	omnibus	"모든 사람들에게(승차가 허용됨)"	
ultrā		그 이상으로, 저쪽에	
prō vītā		생명을 위하여	
modus vīvendī		살아가는 스타일, 생활양식	
fōrmula 1		형식 1	
vetō		"나는 거부한다"	MŪTUS
entia		존재자(ens) pl.	DEDIT
equus		말(馬)	NŌMEN
māgnum		큰(大)	COCĪS
rēx		왕(王)	
potentia		위력, 힘	

2 *MŌTUS TŌTUS NŌTUS*

A, B, C

라틴어 알파벳과 발음

0. MŌTUS TŌTUS NŌTUS

굳이 뜻을 매기자면 "(상대방의) 움직임이 전적으로 드러나 있다." 라는 문장이 된다. 유의할 점은 이 세 단어, M/Ō/T/U/S, T/Ō/T/U/S, N/Ō/T/U/S 는 첫 음소(phōnēma) M, T, N만 차이 나지만 그 의미와 품사는 '움직임' (명사), '전체의'(형용사), '잘 알려진'(동사의 분사)으로 달라진다는 사실이다. '사랑한다'라는 동사에서도 A/M/A/T와 A/M/A/N/T는 음소 N 하나의 차이 에 불과하지만 사랑하는 3인칭 인물이 단수에서 복수로 바뀌는 구문론적 영향을 끼친다. 이처럼 알파벳은 음소로서 어휘와 문장을 좌우하는 요소 이다.

이 과에서는 라틴어 음소로서 현대 서구어 알파벳의 원조인 라틴어 알 파벳과 그 발음을 익히기로 한다. 라틴어 발음은 표기된 그대로 소리 내며, 중모음에서만 약간의 주의를 필요로 한다.

1. 라틴어 알파벳

고전 라틴어에서 사용하던 알파벳은 23자였으며, 그 명칭은 다음 과 같다.

Puer legit libellum mysterii coram magistram

A	B	C	D	E	F	G	H	I	K	L	M
ā	bē	cē	dē	ē	ef	gē	hā	i	kā	el	em

N	O	P	Q	R	S	T	V	X	Y	Z
en	o	pē	qu	er	es	tē	ū	ix	hy	zēta

N.B. 알파벳 V는 반자음 음소로서 자음 V와 모음 U를 겸하다 2세기부터 구분되었다. J는 반자음 I를 표기하기 위해 중세에 도입된다.

2. 발 음

NŌN SCHÓLAE, SED VĪTAE DÍSCIMUS.
"우리는 학교를 위해서가 아니라 인생을 위해서 공부를 한다."(Seneca)
이 대문자 문장(소문자가 등장한 것은 서기 2-3세기였다)을 발음해 보자. 라틴어는 쓰여진 그대로 읽는다지만, ① 라틴계 국가에서 '로마 발음'을 익힌 사람은 우리에게 "논 스콜래 셋 비때 디쉬무스"라고 읽을 것이고, ② 르네상스 시대에 복원하여 영미나 독일에서 주로 쓰이는 '고전 발음'을 익힌 사람은 "논 스콜라에 셋 위이따에 디스끼무스"라고 읽을 것이며, ③ 소위 학계의 '상고 발음'을 익힌 사람이라면 "논 스콜라이 셋 비따이 디스끼무스"라고 읽을 것이다. 셋 다 시대와 지역과 계층에 따라서 실용되어온 발음이지만 본서에서는 키케로(Cicerō; 106-43 B.C.) 시대를 기준으로 '고전 발음'을 따른다.

① 라틴어 표기 모음 A, E, I, O, U는 장모음과 단모음으로 뚜렷하게 구분된다. 장모음은 단모음의 두 배의 길이로 발음되었다. 원래의 장모음은 본서에 표기되어 있다.
e.g., ágō, māter, égō, fēcit, óctō, dōnum, rúber, lúna.

② 고전작품에서 발견되는 라틴어 중모음은 AE(음가 ai), AU(au), OE(oi) 셋이다. 한 음절로 간주하여 발음한다.
e.g., Caésar, aédēs, aúris, paúcus, foédus, moénia.

N.B. EI, UI, EU 등의 중모음(e.g., hei!, huic, cui, seu, neu)에 관해서

(☞《古典 라틴어》14면 각주 3 참조)

N.B. 두 번째 모음 E 위에 두 점(diaéresis: ë)이 찍혀 있는 경우는 두 모음을 두 음절로 나누겠다는 표시이므로 중모음이 아니다.

e.g., poḗta, áēr, poḗma, coérceō

③ 자음은 음가 그대로 발음한다. 우리말 음가로 나타낸다면 다음과 같다.

B	C	D	F	G	H	K	L	M	N	P	Q	R	S	T	V	X	Z
ㅂ	ㄲ	ㄷ	[f]	ㄱ	ㅎ	ㄲ	ㄹ	ㅁ	ㄴ	ㅃ	ㄲ	[r]	ㅅ	ㄸ	[v]	ㄳ	[z]

④ 중자음처럼 나오는 CH(크), PH(프), TH(트)는 마찰음으로 발음된 것으로 추정한다.

e.g., chárta '카르따', philosóphia '필로소피아', theátrum '테아뜨룸'

⑤ Qu-, gu-는 한 음소로 간주되어 다음에 오는 모음과 함께 발음된다.

e.g., língua, quid, lóquor, quóque

N.B. 로마제국 말기에 형성되어 중세를 거쳐 라틴계 국가에서 사용되고 현대 로마가톨릭까지 전수된, 소위 '스콜라 발음'이 별도로 존재한다.

(☞《古典 라틴어》20면 1.6 참조)

문제 1. 발음 연습

láudator, ténebrae, laetítia, aútem, férreus, rósae, moénia
taéda, caédēs, núgae, quómodo, hódiē, effíciunt, sapiéntia
hábeō, gládius, quóque, petítiō, respónsiō, ūníus, hérī, vítia
séxtus, hómō, virórum, mágnus, régis, púlcher, salúbris, scrīptúra
quídem, níhil, nísī, commíttere, étiam, túus, intervéniunt
úndam, cōnsuētúdō, fēcérunt, ómnēs, cōgitātiónēs, miscére

3. 라틴어 음절

라틴어 어휘의 음절 숫자는 그 단어의 모음 혹은 이중모음의 수와 같다. 라틴어 문장을 낭독하면서 어휘를 분절하는 기준은 다음과 같다.

① 두 모음 사이에 자음 하나가 있으면 그 자음은 뒤에 오는 모음과 함께 발음된다.
e.g., pô-nō, há-be-ō, caé-lum, á-quae, paú-per, nâ-ti-ō, sa-pi-én-ti-a

② 모음 사이에 두 자음이 있으면 앞의 자음은 앞의 모음과, 뒤의 자음은 뒤의 모음과 함께 발음된다. 그러나 앞의 자음이 파열음(b, p, d, t, g, c, k, q, ch, ph, th)이고 뒤의 자음이 유음(l, r)이면 두 자음 다 뒤의 모음과 함께 발음된다.
e.g., pár-vus, aés-tus, pís-cis, ôs-ti-um, pá-tri-a, qua-drâ-tus, vó-lu-cris, á-grum, sú-prā, pú-bli-cus, có-cles

③ 모음 사이에 셋 이상의 자음이 있으면, 처음 두 자음은 앞의 모음에 붙이고 세 번째 자음은 뒤의 모음에 붙인다. 그러나 세 자음 가운데 마지막 두 자음이 위와 같은 구성([파열음]+[유음])이면 그 두 자음이 뒤의 모음에 따라온다. 그러나 전치사 등과 합성된 단어는 이 합성 요소들을 살려서 분절한다.
e.g., îns-tar, sânc-tus, témp-tō, ma-gís-trí, tém-plum, os-tra-cís-mus áb-est, ob-iûr-gō, trâns-e-ō

④ Qu-, gu-는 한 음소로 간주되어 다음에 오는 모음과 한 음절을 이룬다.
e.g., lín-gua, quid, ló-quor, quó-que

문제 2. 음절 나누기 연습

| audâcia, | pátria, | indúlgēns, | equitâtus, | quaestûra, |
| harúspex, | damnôsus, | exclûdō, | língua, | disciplîna, |

cognóscō,   inhūmânus,   iúvenis,   dispérdō,   vólucris,
inopīntâus,   praetōriânus,   praeséntia,   posthábeō,   inaéquus

4. 라틴어 악센트

라틴어에서는 모음의 장단에 의거하여 악센트를 가하는데, 다음과 같은 규칙을 따른다.

① 두 음절로 된 단어는 무조건 첫음절에 악센트를 부과한다.
e.g., vírgō, caélum, aédēs

② 세 음절 이상의 단어에서 끝에서 두 번째 음절(sýllaba pænúltima)이 장모음이면 악센트를 받는다.
e.g., amcíus, magíster, suādêre, amâbō

③ 끝에서 두 번째 음절이 단모음이면 끝에서 세 번째 음절 (sýllaba antepænúltima)이 악센트를 받는다.
e.g., ténebrae, quaérere, súrgere, amâverit.

문제 3. 악센트 표시 연습

Éducō,   ēdûcō,   cécidī,   cécîdi,   condítus,   condítus
iácere,   iacêre,   péndere,   pendêre,   párere,   parêre
venīmus,   dîcimus,   suâdeō,   suādêre,   agrícola,   cognômen

문제 4. 다음 키케로의 문장(Oratio in Catilinam 1.1)을 소리내어 읽어 보라.

Quō úsque tándem abūtére, Catilína, patiéntiā nóstrā? Quam díū étiam fúror íste túus nós ēlûdet? Quem ad fínem sêsē effrēnâta iactâbit audâ cia? Nihílne té noctúrnum praesídium Palâtī, níhil úrbis vigíliae, níhil tímor pópulī, níhil concúrsus bonôrum ómnium, níhil hic, mūnītíssimus habéndī senâtūs lócus, níhil hôrum ôra voltûsque mōvêrunt?

문제 5. 다음 베르길리우스의 서사시 첫 연(*Aeneis* 1.1-7)을 소리내어 읽어
보라.

Árma virúmque cánō, Trōiae quī prīmus ab ŏrīs
Itáliam fātō prófugus Lāvīniáque vĕnit
lītora, múltum ílle et térrīs iactátus et áltō
vī súperum, saévae mémorem Iūnŏnis ob íram,
múlta quóque et béllō pássus, dum cónderet úrbem
īnferrétque déōs Látiō, génus únde Latínum
Albānĭque pátrēs átque áltae móenia Rŏmae.

N.B. 라틴어 시가는 단어의 악센트(accentus verborum)와는 다른 음절의 강세음
(ictus syllabarum)을 이용하여 율격(律格)을 넣어서 낭독한다.

(☞《古典 라틴어》46과 421면 참조)

Àrma virùmque canō, Trōiàe quī prĭmus ab ŏrīs
Ìtaliàm fātŏ profugùs Lāvīniaque vĕnit
lītora, mùltum ille èt terrīs iactátus et àltō
vĭ superùm, saevàe memorèm Iūnŏnis ob ìram,
mùlta quoque èt bellŏ passùs, dum cŏnderet ùrbem
ĭnferrètque deŏs Latiō, genus ùnde Latìnum
Àlbānĭque patrès atque àltae mòenia Rŏmae.

3 DÓCET ET DĒLÉCTAT

LAÚDŌ, MÓNEŌ

동사 제 1 활용과 제 2 활용 직설법 현재

0. DÓCET ET DĒLÉCTAT

"가르쳐 즐겁게 한다."

라틴어 초급만 배운 다음에도 우리는 로마 학교에서 통하던 이 격언의 두 단어(monêma)가 제각기 DOC-, DELECT- 라는 어휘소(lexéma), 혹은 어근과 -ET, -AT 라는 형태소(morphéma) 혹은 어미로 구성된 동사임을 알아차리고 이 문장소(syntágma) **docet**가 제2활용 **dóceō** 동사의 능동태 직설법 현재 단수 3인칭("그가 가르친다")을 지시하고, 문장소 **dēléctat**은 제1활용 dēléctō 동사의 능동태 직설법 현재 단수 3인칭("그가 즐겁게 한다")을 지시한다는 점을 간파해낸다.

굴절어(屈折語)인 라틴어에서는 이렇게 두 단어의 형태소 -ET와 -AT만으로 그 단어가 동사이고, 어느 활용이며, 또 능동태, 직설법, 현재, 단수, 3인칭이라는 사실 등 무려 일곱 가지 문법 요소를 드러내는 까닭에 라틴어 동사의 어미 활용(活用, coniugātiō이라고 부른다)을 익히는 일은 매우 요긴하다.

(☞ 라틴어 품사에 관하여 대강 알아두려면《古典 라틴어》21면 2.0 참조)

라틴어 동사에는 네 가지 유형의 활용이 있으며, 그 시제(tempus; 미완료와 완료)와 서법(modus; 직설법, 접속법, 명령법, 부정법)과 형태(vōx: 능동태, 수동태)에 따라서, 또 동사가 지배하는 주격 보어의 인칭(persōna; 1, 2, 3인칭)과 수(numerus; 단수, 복수)에 따라서 동사의 어미가 형태를 달리한다.

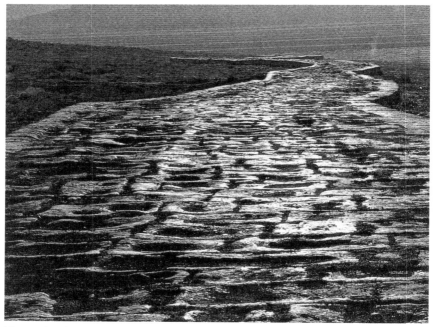

Via Maior in Syria

사전에 흔히 나오는 형태로 네 활용의 본보기를 소개하면 다음과 같다.

	현 재	현 재	현재완료	과 거	능 동 태	
	단수 1인칭	단수 2인칭	단수 1인칭	분 사	현재 부정법	
제1활용	**laudō**	laudās	laudāvī	laudātum	laudāre	칭찬하다
제2활용	**moneō**	monēs	monuī	monitum	monēre	권유하다
제3활용	**regō**	regis	rēxī	rēctum	regere	군림하다
제4활용	**audiō**	audīs	audīvī	audītum	audīre	듣 다

N.B. ① 라틴어 사전에는 동사의 부정법(不定法)이 아니라 직설법 현재 단수1인칭이
　　등록되어 있다. 그러므로 사전에서는 **laudāre**가 아니라 **laudō**를 찾아야 한다.
　　② 동사의 서법과 시제 및 형태를 미리 개괄적으로 파악하려면,

(☞《古典 라틴어》 2과 참조)

이 과에서는 동사 제1활용(e.g., **laudō**, **laudās**, etc)과 제2활용(e.g., **moneō**, **monēs**, etc.,) 능동태 직설법의 미완료 시제인 현재를 처음으로 익힐 것이다.

1. LAUDŌ : 동사 제1활용 현재(現在, tempus praesēns)

제1활용 동사는 사전상 가장 많은 어휘를 차지하며, 예를 들어 동사 laudō의 능동태 직설법 현재의 어미 활용은 다음과 같다.

	단 수			복 수		
1인칭	egō	**laudō**	나는 칭찬한다	nōs	**laudāmus**	우리는 칭찬한다
2인칭	tū	**laudās**	너는 칭찬한다	vōs	**laudātis**	너희는 칭찬한다
3인칭	ille/a	**laudat**	그는 칭찬한다	illī/ae	**laudant**	그들은 칭찬한다

N.B. ① 어간은 대개 불변하지만 형태소인 어미는 인칭과 수에 따라서 변한다.

	singulāris[sg.]	plūrālis[pl.]	
1	-Ō	**-ĀMUS**	[-A-MUS]
2	-ĀS [-A-S]	**-ĀTIS**	[-A-TIS]
3	-AT [-A-T]	**-ANT**	[-A-NT]

② 동사 **laudō, laudās, laudat**...는 어원이 담겨진 어간(語幹) LAUD-에 인칭과 수를 표시하는 어미(語尾) -O, -AS, -AT...가 붙은 형태이다. 그러나 자세히 관찰한다면, 단수 3인칭 LAUDAT를 예로 든다면 LAUD-라는 어근(語根), -A-라는 어간모음(語幹母音), -T라는 어미 등 문법소(taxēma) 셋을 발견한다. 따라서 좁은 의미의 어미는 맨 끝의 -S, -T, -MUS, -TIS, -NT이다. 이 어미는 네 활용 전부의 능동태에 공통으로 해당한다. 현재에서는 달리 나오지만 라틴어 단수 1인칭 어미는 -M이다.

③ 어미 활용을 한 동사는 그 어미의 형태만 보고도 어느 인칭, 어떤 수인지 알아볼 수 있다. 그래서 라틴어 문장에서 인칭대명사 주어(**egō, tū, nōs,** vōs etc.)는 거의 생략된다.

④ 예를 든 이 동사의 부정사(不定詞, īnfīnītīvus)는 어간 LAUD-에 어미 -ĀRE를 붙여 **laudāre**로 만든다.

문제 1. 제1활용 동사의 직설법 현재 어미 활용 연습

aedificō, -āre	세우다, 건설하다	negō, -āre	부정하다, 거절하다
amō, -āre	사랑하다, 좋아하다	ōrnō, -āre	꾸미다
auscultō, -āre	듣다, 귀를 기울이다	parō, -āre	마련하다
clāmō, -āre	외치다	portō, -āre	가져가다, 데려가다
cōgitō, -āre	생각하다, 상상하다	pūgnō, -āre	싸우다
dēsīderō, -āre	원하다, -하고 싶어하다	servō, -āre	구하다, 보존하다
dō, -āre	주다	stō, -āre	서 있다
iūdicō, -āre	판단하다	vocō, -āre	부르다

문제 2. 문장 번역(단수문장을 복수문장으로, 복수문장을 단수문장으로 바꾸는 연습도 바람직하다.)

단어 익히기

mē (acc.)	나를	et	…와, 그리고
nōs (acc.)	우리를	sed	그러나
tē (acc.)	너를, 당신을	dum	…하는 동안
vōs (acc.)	너희를, 당신들을	nōn	아닌, 아니
hic	여기	saepe	종종, 때때로

[예] Mē laudat. "그는 나를 칭찬한다."

→ Mē laudant. "그들은 나를 칭찬한다."

1. Saepe vōs portant.
2. Vocāmus tē sed nōn auscultās nōs.
3. Hīc statis et pūgnātis.
4. Tē amō sed mē nōn amās.
5. Dum dēsīderās servāre nōs, amāmus te.

2. MONEŌ : 동사 제2활용 현재

제2활용에 속하는 동사 **moneō**의 능동형 직설법 현재는 다음과 같이 어미를 활용한다.

	단 수			복 수		
1인칭	egō	**moneō**	나는 권유한다	nōs	**monēmus**	우리들은 권유한다
2인칭	tū	**monēs**	너는 권유한다	vōs	**monētis**	너희들은 권유한다
3인칭	ille/a	**monet**	그는 권유한다	illī/ae	**monent**	그들은 권유한다

N.B. ① 동사 **moneō** 역시 어간 MON-에 1인칭 단수를 표시하는 어미 -EŌ가 붙은 형태이며, 따라서 다음과 같은 어미 활용을 볼 수 있다.

	sg.		pl.	
1	-EŌ	[-E-O]	-ĒMUS	[-E-MUS]
2	-ĒS	[-E-S]	-ĒTIS	[-E-TIS]
3	-ET	[-E-T]	-ENT	[-E-NT]

② 이 단어도 그 부정사는 어간 MON-에 어미 -ĒRE를 붙여 **monēre**로 만든다.

문제 3. 제2활용 동사 직설법 현재 어미 활용 연습

dēbeō, -ēre 빚지다, 해야 하다(+inf.) respondeō, -ēre 대답하다
dēleō, -ēre 파괴하다, 멸망시키다 soleō, -ēre …하는 버릇이 있다
careō, -ēre 부족하다, 결핍하다 taceō, -ēre 조용히 하다, 침묵하다
flōreō, -ēre 꽃피다, 번성하다 teneō, -ēre 잡다, 유지하다
habeō, -ēre 갖다, 여기다 terreō, -ēre 놀라게 하다, 겁주다
iaceō, -ēre 누워 있다, 놓여 있다 timeō, -ēre 무서워하다
iubeō, -ēre 명령하다 valeō, -ēre 힘있다, 잘 있다
moveō, -ēre 움직이다 videō, -ēre 보다
placeō, -ēre 마음에 들다(+dat.)

문제 4. 문장 번역(단수문장은 복수문장으로, 복수문장은 단수문장으로 바꾸기)

단어 익히기   ☆ 처음 나오는 단어는 책 뒤의 단어장을 참조

bene 잘   male 나쁘게, 잘못
mihī 나에게   nōbīs 우리에게
tibī   너에게   vōbīs 너희에게
rārō 드물게, 이따금   semper 언제나, 늘

[예] Videō vōs saepe. "나는 종종 너희를 본다."

　　→ Vōs vidēmus saepe. "우리는 종종 너희를 본다."

1. Mihī placēs semper.
2. Dum terrent nōs, pūgnāmus.
3. Mē monētis rārō, sed saepe timeō vōs.
4. Dēbēmus vōs bene servāre.
5. Tū tacēs saepe, sed dēbeō tē docēre.

3. 명령법

　　화자의 의사를 상대방에게 부과하는 명령법(modus imperātīvus)은 라틴어에서 다양한 형태를 띤다. 그 가운데 긍정 명령어 즉 "외쳐라! 싸워라! 조용히 해라!" 등은 능동태 현재 명령문이다. 라틴어 제1활용 동사 능동태 현재 명령사(命令詞)는 그 동사의 어간에 -Ā!(단수) 또는 -ĀTE!(복수)라는 어미를 붙여서 만든다. 그리고 제2활용 동사는 어간에 -Ē!(단수), -ĒTE!(복수)라는 어미를 붙인다.

	sg.	pl.
laudō, -āre	laud-ā! (너는) 칭찬하라!	laud-āte! (너희는) 칭찬하라!
moneō, -ēre	mon-ē! (네가) 권유하라!	mon-ēte! (너희가) 권유하라!

N.B. ① 부정 명령어 : 만류하거나 금지하는 능동태 현재 명령어를 만들 때 로마인들은 보통 nōlō[=nōn volō] '나는 원하지 않는다'라는 동사를 조동사로 이용하여 그 명령사(nōlī, nōlīte)에 본동사 부정사를 붙였다.

(☞ 동사 nōlō에 관해서는 이 책의 23과 3. 참조)

단수는 nōlī + 동사 부정사, 복수는 nōlīte + 동사 부정사

sg.	pl.
Nōlī timēre!	Nōlīte timēre!
"(너는) 두려워하지 말라 !"	"(너희는) 두려워하지 말라!"

② 라틴어 인사말은 명령법 형태를 띤다.

sg.	pl.	의 미
Avē!	Avēte!	"안녕" (만났을 때)
Salvē!	Salvēte!	"안녕" (만나거나 헤어질 때)
Valē!	Valēte	"안녕" (헤어질 때)

문제 5. 명령문 파악. 단수와 복수를 바꾸기

Laudāte!	Clāmāte!
Tacē!	Servāte mē!
Vocāte nōs!	Vocā mē semper!
Bene docēte!	Vidēte nōs!
Nōlī pūgnāre!	Nōlīte timēre!
Nōlī stāre hīc!	Nōlīte mē vocāre!
Nōlīte tacēre semper!	Nōlīte nōs monēre!

문제 6. 고전 문장

로마인들은 동사 한 단어만으로도 상당한 의사 표시를 하였다. 의역을 하면 다음과 같다.

1. Habet! (치명상을 받은 검투사가) "승부는 끝났다!"
2. Placet. (투표시에) "찬성"
3. Amā et timē! "사랑하면서도 어려워하라!"
4. Ōrā et labōrā! "기도하고 일하라!"
5. Dat, dicat, dēdicat.(D.D.D.) (기증서에) "수여하고 양도하고 기증하는 바임"

4   *VIA TRĪTA, VIA TŪTA.*

UNDA MĀGNA

명사와 형용사 제1변화

0. VIA TRĪTA, VIA TŪTA.

"인적 많은 길이 안전한 길(이다)."

    Via '길', **trīta** '발길로 다져진', **tūta** '안전한' 세 단어가 한결같이 -A 라는 형태소로 끝나므로 같은 어미 변화에 속함을 짐작케 한다. **Via trīta, via tūta** 라는 문장소 둘 다 라틴어 어미 변화 제1변화에 속하는 명사와 형용사인 까닭이다.
    라틴어 명사는 다섯 가지 형태로 어미 변화(dēclīnātiō)를 하며, 명사의 기본형태는 다음의 예에서 볼 수 있다.

	주격	속격 어미	성	의미
제 1 변화	unda	-ae	f.	물결, 파도
제 2 변화	hort**us**	-**ī**	m.	정원, 동산
제 3 변화	labor	-**ōris**	m.	노동, 일, 수고
제 4 변화	frūc**tus**	-**ūs**	m.	열매
제 5 변화	di**ēs**	-**ēī**	m.	날, 낮

(☞ 라틴어 명사[형용사 포함] 변화에 관하여 개괄적으로 미리 파악해두려면 《古典 라틴어》 4과 참조)

Via Appia Antica

1. UNDA : 명사 제1변화

　　라틴어 명사는 아래의 표에서 보는 여섯 개의 격(格, cāsus)을 지니며, 각각의 격에 따른 어미에는 우리말 조사(助辭)가 함축되어 동사에 대한 보어(補語) 역할이 정해져 있다고 하겠다. 명사 제1변화를 예거하면 다음과 같다. 제1변화 명사에 형용사를 덧붙여 그 어미 변화를 익힌다.

　　e.g., unda māgna 큰 파도

		단 수 singulāris [sg.]		
1. 주격	nōminātīvus	unda	māgna	큰 파도가(는)
2. 속격	genitīvus	undae	māgnae	큰 파도의
3. 여격	datīvus	undae	māgnae	큰 파도에(에게)
4. 대격	accūsātīvus	undam	māgnam	큰 파도를
5. 탈격	ablātīvus	undā	māgnā	큰 파도에 의해서
0. 호격	vocātīvus	unda	māgna	큰 파도여!

		복 수 plūrālis [pl.]		
1. 주격	nōminātīvus	undae	māgnae	큰 파도들이(은)
2. 속격	genitīvus	undārum	māgnārum	큰 파도들의
3. 여격	datīvus	undīs	māgnīs	큰 파도들에(에게)
4. 대격	accūsātīvus	undās	māgnās	큰 파도들을
5. 탈격	ablātīvus	undīs	māgnīs	큰 파도들에 의해서
0. 호격	vocātīvus	undae	māgnae	큰 파도들이여!

N.B. 이하의 문제 1에 나오는 단어들을 엮어서 문장을 만들 경우,
　　　"**딸아**, 별**은** 땅**에서** 소녀**에게** 행운**의** 길**을** 보여 준다."
　　　"Fīlia, stēlla in terrā puellae fortūnae viam mōnstrat."
　　　우리말 문장에 나타나는 조사들이 라틴어 문장에서는 그 단어의 어미로 표기되고 있다. 위의 변화표에서 우리말 조사에 가까운 어미들을 떼어 내면 다음과 같은 제1변화 어미표가 만들어진다.

	sg.	pl.	의 미
1 nōm.	-A	-AE	-이, 가, 은, 는, 께서
2 gen.	-AE	-ĀRUM	-의
3 dat.	-AE	-ĪS	-에게, 께
4 acc.	-AM	-ĀS	-을, 를
5 abl.	-Ā	-ĪS	-으로, 로부터, 에서, 에로 등
0 voc.	-A	-AE	-야, 여!

문제 1. 명사 변화 익히기

anima, -ae f.	정신, 마음, 영혼	pecūnia, -ae f.	돈
aqua, -ae f.	물	porta, -ae f.	문, 대문
āra, -ae f.	제단	puella, -ae f.	소녀
fābula, -ae f.	이야기	rosa, -ae f.	장미
fīlia, -ae f.	딸	stēlla, -ae f.	별
fortūna, -ae f.	행운, 운명	terra, -ae f.	땅, 지구
lūna, -ae f.	달	via, -ae f.	길
patria, -ae f.	조국	vīta, -ae f.	생명, 삶, 인생
Corēa, -ae f.	한국		

문제 2. 명사의 격과 수 맞추기(가능한 모든 의미를 찾아본다.)

[예] fortūnae viae → 행운의 길들이, 행운의 길의, 행운의 길에(게)
→ 길의 행운들이, 길의 행운에(게), 길의 행운의

[예] puellae fābulam → 소녀의 이야기를, 소녀에게 이야기를, 소녀들이 이야기를

- aquam terrae
- stēllīs fortūnae
- patriae terram
- portās patriae
- āra lūnae
- viārum fortūnās
- fortūnae puella
- terrae viīs

- rosārum via
- portae Corēae
- viam vītae
- pecūniam fīliārum
- animae vītae
- puellae rosam
- ārae portam
- fābulīs vītae

2. 형용사와 명사의 일치

　형용사는 수식하는 명사에 성(性)과 수(數)와 격(格)을 같이하여 문장소를 구성한다. **Unda**, -ae f. '파도' 라는 단어가 제1변화를 하는 여성(genus fēminīnum = f.)명사이고, 이 명사에 **māgnus, māgna, māgnum** '크다' 라는 제1형 형용사를 수식시킨 이상, 같은 1변화 명사 **unda**에 같은 여성 형용사 **māgna**로 어미 변화를 시키게 된다.

문제 3. 명사에 형용사를 수식하는 연습(단수와 복수)

[multa 많은(양, 수)]	cūra f. 걱정	iniūria f. 불의
[alta 높은, 키 큰, 깊은]	silva f. 숲	lūna f. 달
[mea 나의]	glōria f. 영광	trīstitia f. 슬픔
[tua 너의]	causa f. 원인, 소송	īra f. 분노
[sua 자기의]	fuga f. 도망	cēna f. 저녁(식사)

N.B. 제1변화의 명사는 여성 명사들이다. 다만 예외로 남성 명사들이 약간 있다.

(☞《古典 라틴어》 43면 5.3 참조)

advena, -ae m. 이방인	agricola, -ae m. 농부
incola, -ae m. 주민	nauta, -ae m. 선원
pīrāta, -ae m. 해적	poēta, -ae m. 시인

문제 4. 문장 번역(문장 구성소를 괄호 안의 어휘로 바꾸어 문장 만들기)

[예]　Rōma viās *[fābula]* multās habet.
　　　1. "로마는 많은 대로들을 갖고 있다."
　　　2. → Rōma *fābulās* multās habet.
　1. Puellae *[incola]* timent undās māgnās.
　2. Stēllās et lūnam vidēmus *[amō]*.
　3. Nauta et agricola aquam *[porta]* portant.
　4. Rōma advenīs *[agricola]* semper placet.
　5. Iūlia et Caecilia portant *[parō]* cēnam poētīs.

3. 의문문

라틴어 직접 의문문은 의문사를 첫머리에 붙여서 만들거나 문장의 첫 낱말에 후접어 -NE 를 부가하여 만든다.

e.g., Mē amās.　　　　　　　　　Mēne amās?
　　너는 나를 사랑한다.　　　　　　너는 나를 사랑하느냐?
　　Undāsne vidētis?　　　　　　Ita. Undās vidēmus.
　　너희는 파도들을 보고 있느냐?　그렇다. 우리는 파도들을 보고 있다.

N.B. '예!'는 **ita**, **sīc** '아니오!'는 **nōn**으로 답한다. 육하원칙으로 제기되는 의문사와 그 예문을 예거하면 다음과 같다 :

quis '누가?'　　　　**quid** '무엇이? 무엇을?'　　　**quandō** '언제?'
ubī '어디서?'　　　**cūr** '왜?'　　　　　　　　　**quō modō** '어떻게?'

e.g.　Quid videt Marius?　　　　　Marius videt undās.
　　마리우스는 무엇을 바라보는가?　마리우스는 파도들을 바라본다.
　　Quis tē amat?　　　　　　　Marius mē amat.
　　누가 너를 사랑하느냐?　　　　마리우스가 나를 사랑한다.
　　Quandō vidētis puellās?　　Vidēmus puellās hodiē.
　　언제 너희들은 소녀들을 만나보느냐?　우리는 오늘 소녀들을 만나본다.

문제 5. 고전 문장
　고전 문장에서 처음 나오는 단어는 책 뒤의 단어장에서 찾아볼 것.
　1. Fāma volat.
　2. Nōn amat patriam māgnam sed suam. (suam [patriam])
　3. Fortūnae veniam dāmus.
　4. Vīta et fāma pariter ambulant. (pariter 나란히)
　5. Sapientia beātam vītam parat.

5 IN OCULĪS ANIMUS HABITAT.

HORTUS MĀGNUS

명사 제2변화

0. IN OCULĪS ANIMUS HABITAT.

"영혼은 눈 안에 깃들어 있다."(Plīnius maior)

이 문장의 셋째 문장소 **animus**의 -US는 4과에서 익힌 -A 어미와는 다른 어미를 보여준다. 그 대신 첫 번 문장소 **in oculīs**에서 형태소 -IS는 앞의 제1변화에서도 볼 수 있었다.

이 과에서는 라틴어 명사의 다섯 가지 변화 형태 가운데 두 번째 어미 변화를 공부한다. 제2변화 명사는 대개 남성 명사이거나 중성 명사인데, 성에 따라 어미 변화에 약간의 차이를 보인다. 남성명사는 단수 주격 어미가 -US로 끝나며(일부는 -ER로 끝난다), 중성명사는 단수 주격이 항상 -UM으로 끝난다.

e.g., 제1식 : hort**us**, hort**ī**   m.   '정원, 동산, 농장'
제2식 : pu**er**,   pu**erī**   m.   '아이, 소년'
제3식 : dōn**um**, dōn**ī**   n.   '선물'

Oculi puellae Etruscae apud mortem [Tarquinii]

1. HORTUS : 명사 제2변화 제1식

hortus, -ī, m.　　　　정원, 동산
māgnus, -a, -um　　　커다란, 넓은
hortus māgnus　　　 커다란 정원

N.B. 형용사는 수식하는 명사에 성과 수와 격을 같이 한다고 하였다. 명사 hortus,
　　 -ī m.에 māgnus, māgna, māgnum이라는 제1형 형용사를 수식시킨 이상,
　　 같은 2변화, 남성명사 hortus에 맞추어 형용사도 māgnus를 첨가하여 hortus
　　 māgnus 형태를 띠게 된다.

	Sg.			Pl.	
1. nōm.	hortus	māgnus	커다란 정원(이)	hortī	magni
2. gen.	hortī	māgnī	커다란 정원의	hortōrum	magnorum
3. dat.	hortō	māgnō	커다란 정원에(에게)	hortīs	magnis
4. acc.	hortum	māgnum	커다란 정원을	hortōs	magnos
5. abl.	hortō	māgnō	커다란 정원에 의해	hortīs	magnis
0. voc.	horte	māgne	커다란 정원이여!	hortī	magni

문제 1. 명사 변화 익히기(형용사 하나를 수식하여 어미 변화 시키기)
　　[multus 많은]　　amīcus, -ī m. 친구, 벗　　inimīcus, -ī 적, 원수
　　[meus 나의]　　　āgnus, -ī m. 새끼 양　　equus, -ī m. 말
　　[tuus 너의]　　　medicus, -ī m. 의사　　morbus, -ī m. 질병
　　[suus 자기의]　　dominus, -ī m. 주인　　servus, -ī m. 노예, 종
　　[altus 높은]　　　fīlius, -iī m. 아들　　oculus, -ī m. 눈(眼)
　　[māgnus 커다란]　lupus, -ī m. 늑대　　populus, -ī m. 백성, 국민
　　animus, -ī 정신, 지성　　　　annus, -ī m. 해, 나이
　　numerus, -ī 수, 숫자　　　　locus, -ī m. 곳, 장소
　　ante (전치사 대격지배) 앞에, 전에　　post (전치사 대격지배) 뒤에, 후에
　　　　　　(☞ 전치사의 자세한 용법은 《古典 라틴어》 208-215면 25과 참조)

문제 2. 문구 파악

Servī dominō suō - post servōrum morbōs - amīcum populī - numerō suōrum populōrum - in agricolārum locō - dominī multōs equōs - ante oculōs populī - meī amīcī animum - inimīcōrum servīs - amīcus inimīcō meō - post morbum māgnum - multōs habet annōs

2. PUER : 명사 제2변화 제2식

앞의 어미 변화와 동일하지만 단수 주격의 어미가 -ER로 끝나는 남성명사들이다.

e.g., pu**er**, pu**erī** m.   소년, 아이

parv**us**, parv**a**, parv**um**   조그만

puer parvus   조그만 아이

N.B. 이 그룹에는 단수 속격이 -ERI- 대신에 -RI- 어미를 갖는 명사들이 있어 유의해야 한다.

	Sg.			Pl.	
1. nōm.	puer	parvus	···이, 가	puerī	parvī
2. gen.	puerī	parvī	···의	puerōrum	parvōrum
3. dat.	puerō	parvō	···에게	puerīs	parvīs
4. acc.	puerum	parvum	···을, 를	puerōs	parvōs
5. abl.	puerō	parvō	···에 의해서	puerīs	parvīs
0. voc.	puer	parve	···여!	puerī	parvī

e.g., ag**er**, ag**rī** m.   들, 논밭, 경작지

lāt**us**, lāt**a**, lāt**um**   넓은

ager lātus   넓은 들

	Sg.			Pl.	
1. nōm.	ager	lātus	…이, 가	agrī	lātī
2. gen.	agrī	lātī	…의	agrōrum	lātōrum
3. dat.	agrō	lātō	…에게	agrīs	lātīs
4. acc.	agrum	lātum	…을, 를	agrōs	lātōs
5. abl.	agrō	lātō	…에 의해서	agrīs	lātīs
0. voc.	ager	lāte	…여!	agrī	lātī

문제 3. 제2식 명사 변화 익히기(형용사를 수식시켜서 변화 연습)

[altus 키 큰] socer, socerī m. 장인 gener, generī m. 사위

[māgnus 큰] vir, virī m. 남자, 사내 faber, fabrī m. 목수, 장인

[parvus 작은] liber, librī m. 책 magister, magistrī m. 교사

[lātus 넓은] Auster, Austrī m. 남풍 Lūcifer, Lūciferī m. 금성

[bellus 아름다운] vesper, vesperī m. 저녁 aper, aprī m. 멧돼지

3. DŌNUM : 제2변화 중성명사(제3식)

dōn**um**, **-ī**, n.   선물

pretiōs**us**, **-a**, **-um**   값진, 귀한

dōnum pretiōsum   값진 선물

	Sg.			Pl.	
1. nōm.	dōnum	pretiōsum	…이, 가	dōna	pretiōsa
2. gen.	dōnī	pretiōsī	…의	dōnōrum	pretiōsōrum
3. dat.	dōnō	pretiōsō	…에게	dōnīs	pretiōsīs
4. acc.	dōnum	pretiōsum	…을, 를	dōna	pretiōsa
5. abl.	dōnō	pretiōsō	…에 의해서	dōnīs	pretiōsīs
0. voc.	dōnum	pretiōsum	…여!	dōna	pretiōsa

N.B. 제2변화부터 나타나는 모든 중성명사는 (제3, 4변화 중성명사를 포함하여) 단수 에서도 복수에서도 주격과 대격, 그리고 호격의 어미가 동일하다.

문제 4. 명사 변화 익히기(형용사를 수식하여 변화 연습)

[māgnum 큰]	bellum, -ī n. 전쟁	rēgnum, -ī n. 왕국, 왕권
[multum 많은]	verbum, -ī n. 말, 언어	damnum, -ī n. 해, 손해
[meum 나의]	ōtium, -iī n. 여가, 한가	vitium, -iī n. 악덕, 악습
[pretiōsum 귀한]	aurum, -ī n. 금	ferrum, -ī n. 쇠, 철
[lātum 넓은]	sīgnum, -ī n. 징조, 기호	caelum, -ī n. 하늘
[parvum 작은]	templum, -ī n. 신전	gaudium, -iī n. 기쁨
[aliēnum 남의]	auxilium, -iī n. 도움	beneficium, -iī 은혜
[pūblicum 공공의]	perīculum, -ī n. 위험	proelium, -iī n. 전투
[dūrum 엄한]	imperium, -iī n. 명령, 통수권	studium, -iī n. 노력, 공부
[superum 위의]	exemplum, -ī n. 모범, 표본	oppidum, -ī n. 도성, 마을

문제 5. 문구파악(제2식과 3식)

Verba dominōrum - exempla magistrī pretiōsa - nōn puerīs sed
virīs - māgnō gaudiō post bellum - māgnō socerōrum auxiliō - ante
oppida parva - studiō ōtiōrum meōrum - rēgnī tuī perīculum - vitia
agricolārum pūblica - sīgnōrum proeliī - aurō pretiōsō templī tuī - ante
beneficia fabrōrum

문제 6. 제2변화 명사 문장 번역(동사의 수를 바꾸어 보기)

단어 익히기

deus, deī m. 신(神)	discipulus, -ī m. 학생
schola, -ae f. 학교	sagitta, -ae f. 화살
-que (접미어) 그리고	sed 그러나

1. Populī saepe pūgnāre dēsīderant.

    (→ Populus saepe dēsīderat pūgnāre.)

2. Lupī saepe terrent puellās.

3. Dominī fīlia parat cēnam magistrō.

4. Post proelium inimīcī mūtant animum.

5. Amīcī meī dant agricolīs beneficia māgna.

6. Servus tuus portat librōs māgnōs ante scholam.

7. Fābulās discipulīs narrāmus.

8. Magistrī saepe monent puerōs puellāsque.

9. Socer meus semper amat generōs suōs.

10. Poētae laudant vītam virōrum māgnōrum.

11. Puerī scholārum semper portāre dēbent librōs suōs.

12. Virī māgnī puerīs dant exempla.

13. Saepe placent nōn amīcī, sed dōna amīcōrum.

14. Ante templa deī populōs verbīs sīgnīsque monent.

15. Bellum terret populum et rēgnō dat damnum māgnum.

4. 명사 제2변화 어미표

이상의 어미 변화를 보면 다음과 같은 제2변화 어미표가 만들어진다.

	hortus / puer ↓ Sg.	dōnum ↓	hortus / puer ↓ pl.	dōnum ↓
	m.	n.	m.	n.
1. nōm.	-US -ER	-UM	-Ī	-A
2. gen.	-Ī	-Ī	-ŌRUM	-ORUM
3. dat.	-Ō	-Ō	-ĪS	-IS
4. acc.	-UM	-UM	-ŌS	-A
5. abl.	-Ō	-Ō	-ĪS	-IS
0. voc.	-E -ER	-UM	-Ī	-A

N.B. 제2변화의 -US, -ER 라는 주격 어미를 갖는 명사들은 모두 남성 명사이지만, 일
부 명사는 예외이다(e.g., mālus, -ī f. 사과나무, methodus, -ī f. 방법, vīrus, -ī
n. 독약).

(☞《古典 라틴어》51면 6.4.1-2 참조)

문제 7. 고전 문장

1. Obcaecat saepe animōs fortūna.
2. Agricolīs vesperī umbrae placent.
3. Sapientia puerīs virīsque placēre dēbet.
4. Sēcrētō amīcōs admonē, laudā palam!
5. Puerōs dēprāvant vitiōrum exempla.

6 *CĪVIS RŌMĀNUS SUM.*

SUM, ERAM, ERŌ.

SUM 동사와 POSSUM 동사

0. CĪVIS RŌMĀNUS SUM

"나는 로마 시민이오!"(Cicerō)

로마 제국 어디에서나 누가 체포당하면서 이 시민권 선언을 하면 태형과 고문을 당하지 않고 로마 황제의 직접 재판을 청구할 수 있었다. **Sum**이라는 동사 하나로 "나는 …이다" 라는 언표가 가능한 것이 라틴어이다.

인도 유럽어에서처럼 라틴어에서도 가장 많이 쓰이는 동사는 **sum, fuī, —, esse**('있다, …이다')라는 자동사이다. 이 과에서는 이 동사의 미완료 시제 세 가지를 배우기로 한다. 인도 유럽어 대부분의 경우와 마찬가지로 **sum** 동사는 불규칙하다.

1. SUM 동사 직설법 현재, 반과거, 미래

라틴어 동사의 시제는 ① 크게 행위가 완결되지 않음을 나타내는 미완료 시제(tempus īnfectum)와 행위가 완결됨을 나타내는 완료시제(tempus perfectum)로 나누어지고, ② 미완료시제에는 현재(praesēns), 반과거(半過去, imperfectum), 미래(futūrum) 셋이 있다. ③ 반과거는 우리에게 익숙하지 않

은 시제로서 과거 당시에 어떤 행동이나 사실이나 상태가 반복되거나 아직 완전히 끝나지 않고 계속되고 있었음을 표시한다.

Sum 동사의 미완료 시제 현재, 반과거, 미래 셋을 한데 제시하면 다음 과 같다.

	praesēns	imperfectum	futūrum
Sg. 1	sum	eram	erō
2	es	erās	eris
3	est	erat	erit
Pl. 1	sumus	erāmus	erimus
2	estis	erātis	eritis
3	sunt	erant	erunt

N.B. ES-/S-를 어근으로 갖는 이 동사는 어미(-M, -S, -T, -MUS, -TIS, -NT)를 규칙적 으로 갖는다. 이 동사의 부정사는 **esse**이다. 명령법은 **es! este!**이다.

2. SUM 동사의 용법

① 자동사로서 **sum** 동사의 절대용법은 '있다'라는 완전 동사이다.
e.g., Pīnī sunt in silvā.   소나무들은 숲에 있다.
   In hortō erant puellae.   정원에는 소녀들이 있었다.
   Est Deus.   하느님은 존재한다.
   Cōgitō, ergō sum.(Descartes) 나는 사유한다. 그러므로 나는 존재한다.

문제 1. Sum 동사의 절대용법 문장 번역(시제를 바꾸어 문장 만들기)
   단어 익히기
   forum, -ī n. 시장, 광장, 법정   in (전치사 탈격지배) … 안에, …에
   sapientia, -ae f. 지혜   cum (전치사 탈격지배) …와 함께
   amīcitia, -ae f. 우정   sine (전치사 탈격지배) … 없이
   iūstitia, -ae f. 정의

N.B. 라틴어 전치사는 명사와 결합하여 동사를 수식하는 부사어를 이루거나 일부 동
사의 전치사동반 객어를 이루는데, 탈격을 지배하는 것(cum ablātīvō)과 대격을
지배하는 것(cum accūsātīvō)으로 나누어진다.
☞《古典 라틴어》208면 25과 전체사 용법 참조.

1. Erisne in agrō cum fīliīs?
   [예] → Esne in agrō cum fīliīs?
         → Erāsne in agrō cum fīliīs?
2. In forō erant multae puellae cum puerīs.
3. Magistrō semper sunt multī librī pretiōsī.
4. Agricolae fīliae erat multa pecūnia.
5. Sine iūstitiā sapientiāque nōn est amīcitia.

② 그러나 sum 동사의 가장 일반적인 용법은 연계 동사(verbum
cōpulātīvum)로서 '…이다' 라는 자동사 역할이다. 연계동사는 주어와
더불어 서술어(praedicātīvum)를 갖는다.

e.g., Puella est fīlia magistrī.   그 소녀는 선생님의 딸이다.
      Poēta est glōria patriae.   그 시인은 조국의 영광이다.
      Undae erunt altae hodiē.   오늘은 파도가 높겠다.

문제 2. Sum 동사의 연계 문장 번역.
단어 익히기
dea, -ae, f. 여신 Rōmānus, -a, -um 로마의 Coreānus, -a, -um 한국의
1. Iūlia puella est.
   Claudia et Iūlia puellae sunt.
2. Mārcus erit vir māgnus.
   Mārcus et Tibullus erunt virī māgnī.
3. Minerva dea Rōmāna erat.
   Minerva et Diāna deae Rōmānae erant.
4. Tū es discipulus, egō sum magister.

Estis magistrī, sumus discipulī.
5. Iūlia est amīca mea, Claudia est tua.
   Mārcus est amīcus meus, Tibullus est tuus.
6. Portae Rōmānae erant altae et māgnae.
   Templa Corēāna erant bella et antīqua.

3. POSSUM 동사의 용법

'할 수 있다' 라는 뜻을 가진 이 동사는 **potis**(할 수 있는)라는 형용사와
연계사 **sum**의 합성어 **possum**(← pot-sum)이다. 반과거와 미래의 시제도
sum 동사의 활용인 **eram, erō**를 덧붙여서 만든다. 부정사는 **posse**이다.

	praes.	imperf.	fut.
Sg. 1	pos-sum	pot-eram	pot-erō
2	pot-es	pot-erās	pot-eris
3	pot-est	pot-erat	pot-erit
Pl. 1	pos-sumus	pot-erāmus	pot-erimus
2	pot-estis	pot-erātis	pot-eritis
3	pos-sunt	pot-erant	pot-erunt

N.B. 동사 **possum**은 조동사로 쓰이므로 그 뜻을 완성시키는데 필요한 동사의 부정
사를 객어로 갖는다.

e.g., Ambulāre possum.   나는 걸을 수 있다.
      Tē vidēre possum.   나는 너를 볼 수 있다.
      Mārce, undāsne vidēre potes?   마르쿠스, 너는 파도를 볼 수 있느냐?

문제 3. 조동사 possum 문장 번역(시제와 수를 바꾸어 문장 꾸미기)
  단어 익히기
  exspectō, -āre 기다리다   ambulō, -āre 걷다

amīca, -ae f. (여자)친구
fluvius, -iī m. 강, 시내
numquam 절대로 … 아니

frūmentum, -ī n. 곡식
cōpia, -ae f. 다량, 많음
adhc 아직

1. Nōn possum tacēre.
   [예] → Nōn poteram tacēre. Nōn poterāmus tacēre.
        → Nōn poterō tacēre. Nōn poterimus tacēre.
2. Possumus exspectāre amīcās.
3. Agricola numquam poterat habēre multōs agnōs.
4. Nautīs adhūc nōn poteris dare auxilium et frūmentum.
5. Fīliī poterunt māgnam cōpiam frūmentī habēre.

문제 4. 고전 문장

1. Varia est vītae fortūna. (Cicerō)
2. Posse vident, et possunt. (Vergilius)
3. Amīcōs numquam aurō parāre poteris.
4. Invidia animī morbus est.
5. Verba virīs arma saepe sunt.

7 AGRICOLAE AGRŌS SEMEL ET BIS ARĀBANT.

LAUDĀBAM, LAUDĀBŌ

제1, 2활용 동사의 반과거와 미래

0. AGRICOLAE AGRŌS SEMEL ET BIS ARĀBANT.

"농부들은 밭을 초벌로 갈고 애벌은 거듭으로 갈았다."(Catō)

이 문장의 동사 **arābant**(arō, -āre 쟁기질하다)의 어미 -Ā-BA-NT에는 인도 유럽어에서 과거 지속을 표시하는 접사 -BA-가 있어서 농부들의 초벌과 애벌갈이가 해마다 반복되었음을 짐작하게 한다. 앞 과에서 **sum** 동사의 미완료 시제를 셋 다 배웠으므로, 이 과에서는 제1활용 동사(laudō)와 제2활용 동사(moneō)의 능동태 직설법의 반과거와 미래를 학습하여 미완료 시제를 모두 익히기로 한다.

1. LAUDĀBAM, MONĒBAM : 제1, 2활용 동사의 능동태 반과거

라틴어에서 반과거(半過去, tempus imperfectum)는 과거의 지속적이거나 반복적인 행위를 나타내는 시제이다. 라틴어 동사의 반과거 어미는 동사의 미완료형 어간(e.g., LAUD-)에 동사의 모음어간을 붙이고, 과거 지속을 표시하는 접사 -BA-를 부가시킨 후, 마지막으로 인칭과 수에 따른 어미를 붙인다. 능동형 직설법 반과거의 어미는 앞으로 배울 네 가지 동사의 활용에 모두 같으며 '…하고 있었다, …하곤 하였다'로 번역된다.

Pugna gallorum

	어근	+	모음어간	+	시제접사	+	어미(단수 1인칭의 경우)
1활용	LAUD		-Ā		-BA		-M
2활용	MON		-Ē		-BA		-M
3활용	REG		-Ē		-BA		-M
4활용	AUD		-IĒ		-BA		-M

제1활용 동사 LAUDŌ와 제2활용 동사 MONEŌ 능동태 반과거

	어미	LAUDŌ	MONEŌ
Sg. 1	-Ā-BA-M	laud-ā-ba-m	mon-ē-ba-m
2	-Ā-BĀ-S	laud-ā-bā-s	mon-ē-bā-s
3	-Ā-BA-T	laud-ā-ba-t	mon-ē-ba-t
Pl. 1	-Ā-BĀ-MUS	laud-ā-bā-mus	mon-ē-bā-mus
2	-Ā-BĀ-TIS	laud-ā-bā-tis	mon-ē-bā-tis
3	-Ā-BA-NT	laud-ā-ba-nt	mon-ē-bā-nt

2. LAUDĀBŌ, MONĒBŌ : 제1, 2활용 동사의 능동태 미래

　라틴어 미래 시제는 현재나 과거에 대하여 단순히 장차 있을, 또는 앞으로도 계속될 행위를 표시한다. 동사 제1, 2활용에서 직설법 미래는 동사 어간에 동사의 모음어간을 붙이고, 미래시제를 표시하는 접사 -BI- 와 인칭 어미를 붙이는 형태이다. 다만 1인칭 단수와 3인칭 복수에서는 어미가 약간 다르다는 점에 유의할 것이다(제3, 4활용의 미래 어미에는 -BI- 접사가 안 들어간다).

	어근	+	모음어간	+	시제접사	+	어미(단수 1인칭의 경우)
1활용	LAUD		-Ā		-BI		-T
2활용	MON		-Ē		-BI		-T

제1활용 동사 LAUDŌ와 제2활용 동사 MONEŌ 능동태 미래

	어미	LAUDŌ	MONEŌ
Sg. 1	-Ā-BŌ	laud-ā-b-ō	mon-ē-b-ō
2	-Ā-BI-S	laud-ā-bi-s	mon-ē-bi-s
3	-Ā-BI-T	laud-ā-bi-t	mon-ē-bi-t
Pl. 1	-Ā-BI-MUS	laud-ā-bi-mus	mon-ē-bi-mus
2	-Ā-BI-TIS	laud-ā-bi-tis	mon-ē-bi-tis
3	-Ā-BU-NT	laud-ā-bu-nt	mon-ē-bu-nt

문제 1. 동사의 현재, 반과거 그리고 미래 시제 활용 연습

adiuvō, -āre 돕다

aequō, -āre 파괴하다

appropinquō, -āre 다가가다

dēleō, -ēre 멸망시키다

errō, -āre 헤매다, 틀리다

exspectō, -āre 기다리다

dēlectō, -āre 즐겁게 하다

maneō, -ēre 머물다

narrō, -āre 이야기하다

noceō,-ēre 해치다, 해롭다

nūntiō, -āre 소식을 전하다

pareō, -ēre 순종하다 (+dat.)

praebeō, -ēre 내주다, 임하다

rideō, -ēre 웃다, 비웃다

sānō, -āre 낫게 하다

suādeō, -ēre 타이르다 (+dat.)

vītō, -āre 피하다

vulnerō, -āre 상처 내다

volō, -āre 날다

ad (+acc.) …에게, …로

dē (+abl.) …에 대하여

inter (+acc.) 사이에

(☞ 전치사 용법은 《古典 라틴어》 208-215면 25과 참조)

문제 2. 문구 파악

Nūntiābant bellum - appropinquābit ad oppidum - suādēbit servīs - exspectābunt deam Minervam - lupōs vulnerābātis - nocēbunt iūstitiam - dēbēbat narrāre dē bellō antīquō - adiuvābō puerōs - templa dēlēbimus - praebēbō amīcitiam - auxilium meum ridēbitis - pārēbis dominō - inter fīliās manēbunt - parēbunt magistrīs dē sapientiā

문제 3. 반과거 및 미래 시제 문장의 번역(예문처럼 조동사 possum 문장으로 바꾸기)

1. Agnī parvī timēbant lupum.

   [예] → Agnī parvī poterant timēre lupum.

2. Virīs placēbat semper sapientia post exemplum.

3. Quid praebēbātis servīs in hortō?

4. Inter caelum et terram quid exspectābās cum puellā?

5. Inimīcī saepe dēlēbant templa patriae.

6. Patria mea placet advenīs et semper placēbit.

7. Fīliō tuō dē vitiīs suādēbō.

8. Cūr puerī magistrō pārēbunt?

9. Vitium virōrum puerīs nocēbit.

10. Placēbitne puerīs ōtium?

문제 4. 고전 문장

1. Habēbunt suum venēnum verba blanda. (Pūblius Syrus)

2. Invidia māgnārum discordiārum semper causa erat.

3. Numquam sēcūra manēbat prāva cōnscientia. (Pūblius Syrus)

4. Vitia iūstitiae fundāmentum dēlent et dēlēbunt.

5. Iniūriae mox erunt lacrimārum causa.

[부록] 미완료시제 어미 변화
라틴어 sum 동사와 possum 동사, 그리고 제1, 2활용 동사의 미완료 시제

1. 현 재(praesēns)

sum		possum	현재어미	laudō	moneō
egō	sum	pos-sum	-ō	laudō	moneō
tū	es	pot-es	-ā/ē-S	laudās	monēs
ille	est	pot-est	-a/e-T	laudat	monet
nōs	sumus	pos-sumus	-ā/ē-MUS	laudāmus	monēmus
vōs	estis	pot-estis	-ā/ē-TIS	laudātis	monētis
illī	sunt	pos-sunt	-a/e-NT	laudant	monent

2. 반과거(imperfectum)

sum		possum	반과거어미	laudō	moneō
egō	eram	pot-eram	-ā/ē-BA-M	laudā-ba-m	monē-ba-m
tū	erās	pot-erās	-ā/ē-BĀ-S	laudā-bā-s	monē-bā-s
ille	erat	pot-erat	-ā/ē-BA-T	laudā-ba-t	monē-ba-t
nōs	erāmus	pot-erāmus	-ā/ē-BĀ-MUS	laudā-bā-mus	monē-bā-mus
vōs	erātis	pot-erātis	-ā/ē-BĀ-TIS	laudā-bā-tis	monē-bā-tis
illi	erant	pot-erant	-ā/ē-BA-NT	laudā-ba-nt	monē-ba-nt

3. 미 래(futūrum)

sum		possum	미래어미	laudō	moneō
egō	erō	pot-erō	-ā/ē-B-Ō	laud-ā-b-ō	mon-ē-b-ō
tū	eris	pot-eris	-ā/ē-BI-S	laud-ā-bi-s	mon-ē-bi-s
ille	erit	pot-erit	-ā/ē-BI-T	laud-ā-bi-t	mon-ē-bi-t
nōs	erimus	pot-erimus	-ā/ē-BI-MUS	laud-ā-bi-mus	mon-ē-bi-mus
vōs	eritis	pot-eritis	-ā/ē-BI-TIS	laud-ā-bi-tis	mon-ē-bi-tis
illi	erunt	pot-erunt	-ā/ē-BU-NT	laud-ā-bu-nt	mon-ē-bu-nt

8 BONUS IŪDEX SECUNDUM AEQUUM ET BONUM IŪDICAT.

BONUS, BONA, BONUM

형용사 제1형

0. BONUS IŪDEX SECUNDUM AEQUUM ET BONUM IŪDICAT.

"선한 재판관은 공정과 선에 의거하여 판단한다."

법정의(法正義)에 대한 염원을 담은 이 격언에는 **bonus**, **aequum**, **bonum**이라는 세 형용사가 들어 있는데 첫 문장소(bonus iūdex, 선한 재판관)에서는 형용사가 명사의 수식어로, 나머지 두 형용사는 명사적 용법 (aequum 공정한 것, 공정; bonum 선한 것, 선)으로 문장소를 이루고 있다. 형태소인 어미 -US, -UM은 명사 제2변화를 상기시킨다.

라틴어 형용사는 실명사와 마찬가지로 성으로는 남성, 여성, 중성, 수로는 단수와 복수, 격은 실명사와 똑같이 6개의 격을 갖는다. 라틴어 형용사의 격변화는 크게 두 부류, 즉 명사 제1, 2변화에 상응한 제1형(prīma classis)과 명사 제3변화에 상응하는 제2형(secunda classis)이 있다.

제 1 형 : e.g., m. **bonus**,   f. **bona**,   n. **bonum**   선한, 좋은
제 2 형 : e.g., m. **celeber**, f. **celebris**, n. **celebre**   유명한

우리는 제1변화와 제2변화 명사(hortus, -ī m.; unda, -ae f.; dōnum, -ī n.)를 배우면서 명사에 상응하는 형용사를 붙여 hortus māgnus, unda māgna, dōnum pretiōsum의 형태로 변화를 익혔으므로 형용사 제1형(e.g,

Venus punit Amorem improbulum

bon**us**, bon**a**, bon**um**)을 이미 배운 셈이다.

그리고 명사 제2변화에서 **hortus**, **-ī** 형태와 **puer, puerī** 또는 **ager, agrī** 형태가 있었듯이 제1형 형용사들 가운데에도 남성 형용사에 한하여 비슷한 형태 구분이 있어서 제1식, 제2식으로 나누기도 한다.

e.g., bon**us**, bon**a**, bon**um**　　선한, 좋은
　　　mis**er**, mis**era**, mis**erum**　　불쌍한, 가련한
　　　pulch**er**, pulch**ra**, pulch**rum**　아름다운, 어여쁜

1. BONUS, BONA, BONUM : 형용사 제1형 제1식

e.g., bon**us**, bon**a**,   bon**um**　　선한, 좋은

명사 hort**us**, **-ī** m.; und**a**, **-ae** f.; dōn**um** **-ī** n. 과 동일한 어미 변화를 보인다.

	sg.			pl.		
	m.	f.	n.	m.	f.	n.
1 Nōm.	bonus	bona	bonum	bonī	bonae	bona
2 Gen.	bonī	bonae	bonī	bonōrum	bonārum	bonōrum
3 Dat.	bonō	bonae	bonō	bonīs	bonīs	bonīs
4 Acc.	bonum	bonam	bonum	bonōs	bonās	bona
5 Abl.	bonō	bonā	bonō	bonīs	bonīs	bonīs
0 Voc.	bone	bona	bonum	bonī	bonae	bona

문제 1. 지금까지 나온 형용사들과 새 어휘들의 변화 익히기

altus, alta, altum 키 큰, 높은, 깊은　lātus, lāta, lātum 넓은
māgnus, māgna, māgnum 커다란　parvus, parva, parvum 작은
multus, multa, multum 많은　paucus, pauca, paucum 적은
bonus, bona, bonum 좋은, 선한　malus, mala, malum 나쁜, 악한
meus, mea, meum 나의　tuus, tua, tuum 너의
pretiōsus, pretiōsa, pretiōsum 값진　prāvus, prāva, prāvum 좋지 않은
suus, sua, suum 자기의　aliēnus, aliēna, aliēnum 다른 사람의

pūblicus, pūblica, pūblicum 공공의 certus, certa, certum 확실한
sānctus, sāncta, sānctum 성스러운 dūrus, dūra, dūrum 굳은
singulus, singula, singulum 단일의 cārus, cāra, cārum 귀한, 사랑스러운
superus, supera, superum 위에 있는 medius, media, medium 중간의
hūmānus, hūmāna, hūmānum 인간적인

2. MISER, MISERA, MISERUM : 형용사 제1형 제2식

e.g, mis**er**, mis**era**, mis**erum** 불쌍한, 가련한
남성형용사의 경우 명사 pu**er**, pu**erī** m. 어미 변화와 동일하다.

	sg.			pl.		
	m.	f.	n.	m.	f.	n.
1 Nōm.	miser	misera	miserum	miserī	miserae	misera
2 Gen.	miserī	miserae	miserī	miserōrum	miserārum	miserōrum
3 Dat.	miserō	miserae	miserō	miserīs	miserīs	miserīs
4 Acc.	miserum	miseram	miserum	miserōs	miserās	misera
5 Abl.	miserō	miserā	miserō	miserīs	miserīs	miserīs
0 Voc.	miser	misera	miserum	miserī	miserae	misera

문제 2. 같은 형식으로 어미 변화를 하는 형용사(괄호 안의 여성, 남성, 중성
  명사에 수식시켜 변화 익히기)
asper, aspera, asperum 거친, 험한 [aper fortūna bellum]
frūgifer, frūgifera, frūgiferum 비옥한 [ager terra rēgnum]
līber, lībera, līberum 자유로운 [servus patria incendium]
tener, tenera, tenerum 부드러운, 연한 [agnus rosa verbum]

3. PULCHER, PULCHRA. PULCHRUM : 형용사 제1형 제3식

단수 속격이 -ERĪ 대신에 -RĪ 어미를 갖는다.

남성형용사의 경우 명사 ager, agrī m. 어미 변화와 동일하다.
e.g., pulcher, pulchra, pulchrum　아름다운, 어여쁜

	sg.			pl.		
	m.	f.	n.	m.	f.	n.
1 Nōm.	pulcher	pulchra	pulchrum	pulchrī	pulchrae	pulchra
2 Gen.	pulchrī	pulchrae	pulchrī	pulchrōrum	pulchrārum	pulchrōrum
3 Dat.	pulchrō	pulchrae	pulchrō	pulchrīs	pulchrīs	pulchrīs
4 Acc.	pulchrum	pulchram	pulchrum	pulchrōs	pulchrās	pulchra
5 Abl.	pulchrō	pulchrā	pulchrō	pulchrīs	pulchrīs	pulchrīs
0 Voc.	pulcher	pulchra	pulchrum	pulchrī	pulchrae	pulchra

문제 3. Pulcher, pulchra, pulchrum 형식으로 어미 변화를 하는 형용사(괄호 안의 명사에 수식시켜 변화 익히기)

noster, nostra, nostrum　우리의　　　[magister āra exemplum]
vester, vestra, vestrum　너희의　　　[dominus porta perīculum]
dexter, dextra, dextrum　오른편의　　[vir stēlla gladium]
sinister, sinistra, sinistrum　왼편의　　[amīcus via saxum]
niger, nigra, nigrum　검은　　　　　[pecūnia morbus dōnum]
ruber, rubra, rubrum　붉은　　　　　[liber lūna incendium]
aeger, aegra, aegrum　앓는, 병든　　[socer fīlia rēgnum]
piger, pigra, pigrum　게으른　　　　[equus puella ōtium]
sacer, sacra, sacrum　거룩한, 성스러운　[Lūcifer anima templum]

4. 형용사와 명사의 성, 수, 격 일치

(1) 수식어와 명사의 일치

수식어 형용사는 수식하는 그 명사와 성, 수, 격이 반드시 일치해야 한다. 예를 들어 agricola, -ae m. '농부'와 bonus, -a, -um '선한'을 수식하여 '착실한 농부'라는 문장소를 만드는 경우, 명사 agricola는 제1변화 남성명사이므로 제1변화 어미를 따르고, 남성 명사를 수식하는 남성 형용사 bonus

는 제2변화 어미를 따라서 agricola bonus라는 문장소가 만들어진다.

> e.g. agricola bonus라는 문장소를 동시에 격변화시키면 다음과 같다.
> agricola bonus   선한 농부

	sg.		pl.	
1 Nōm.	agricola	bonus	agricolae	bonī
2 Gen.	agricolae	bonī	agricolārum	bonōrum
3 Dat.	agricolae	bonō	agricolīs	bonīs
4 Acc.	agricolam	bonum	agricolās	bonōs
5 Abl.	agricolā	bonō	agricolīs	bonīs
0 Voc.	agricola	bone	agricolae	bonī

N.B. 마찬가지로 pōpulus, -ī f. '포플러나무'와 altus, -a, -um '키 큰'을 수식하여 '키
큰 포플러나무' pōpulus alta 라는 문장소를 변화시키면 다음과 같다.
> e.g., pōpulus alta   키 큰 포플러나무

	sg.		pl.	
1 Nōm.	pōpulus	alta	pōpulī	altae
2 Gen.	pōpulī	altae	pōpulōrum	altārum
3 Dat.	pōpulō	altae	pōpulīs	altīs
4 Acc.	pōpulum	altam	pōpulōs	altās
5 Abl.	pōpulō	altā	pōpulīs	altīs
0 Voc.	pōpule	alta	pōpulī	altae

문제 4. 명사의 성에 유의하여 형용사 변화를 익히기
① 행복한 선원   ② 위엄 있는 시인   ③ 낡은 방법
④ 진짜 배나무   ⑤ 즐거운 시기   ⑥ 미련한 서민

nauta, -ae m. 선원   beātus, -a, -um 행복한, 축복받은
poēta, -ae m. 시인   dīgnus, -a, -um 위엄 있는, 자격 있는
pirus, -ī f. 배나무   vērus, -a, -um 참된, 진짜의
methodus, -ī f. 방법   antīquus, -a, -um 고대의, 낡은
periodus, -ī f. 시기, 단락   stultus, -a, -um 미련한, 어리석은

vulgus, -ī n. (단수만 사용) 서민   laetus, -a, -um 즐거운

(2) 주어와 서술어의 일치
라틴어 형용사가 수식하는 명사와 성 수 격이 일치한다는 것은 이미 말하였다. 따라서 서술어(praedicātīvum)로 나오는 형용사도 주어와 성과 수가 일치하여야 한다.

e.g., Deus est bonus.   신은 선하다.
      Methodus (f.) est bona.   방법이 좋다.
      Incolae (m.) sunt bonī.   주민들은 선량하다.
      Agnus et columbae sunt tenerī.   새끼 양과 비둘기들은 순하다.

(3) 형용사의 명사적 용법
라틴어에서 형용사는 보통 수식하는 명사를 생략한 채 명사처럼 사용되기도 한다. 이런 경우에는 그 형용사의 수와 성을 보고서 그 형용사가 남성명사, 여성명사, 중성명사를 나타내고 있음을 추측하며 해석하여야 한다.

e.g., Bonōs laudat.   그는 선량한 사람들을 칭찬한다.
      Bonās laudat.   그는 선량한 여자들을 칭찬한다.
      Bonum et malum iūdicāmus.   우리는 선과 악을 판단한다.
      Bona et pulchra dēsīderāmus. 우리는 선하고 아름다운 것을 동경한다.
      Experientia stultōs docet.   경험은 어리석은 자들을 가르친다.
      Experientia est magistra stultōrum. 경험은 어리석은 자들의 선생이다.

문제 5. 문구 파악
aspera fortūnae - meam pulchram - hūmānum est timēre - amat suōs suaque - servīs tuīs meīsque - sacra templōrum vestrōrum - pōpulōrum cōpiam altārum - poetae cibōs nostrō - nōlī dēsīderāre aliēna - sine perīculō populī meī - aegrōs terret morbus - vīta dēlectat bonōs malōsque - virī servant suās - agros dominī frūgiferōs

문제 6. 형용사의 서술적 용법과 명사적 용법 문장의 번역

1. Poēta et fīlia erant bellī et beātī.
2. Pirī inter hortum et fluvium grātae erunt agricolīs.
3. Et bellum et iniūria deīs nōn cārae sunt.
4. Sacrō animō portābātis aspera fortūnae.
5. Amīcōrum vitia vituperāmus, sed nostra nōn vidēmus.

문제 7. 고전 문장

1. Vērae amīcitiae sempiternae sunt.
2. Īra misericordiam nōn habet.
3. Antīqua sententia monet: verba volant, scrīpta manent.
4. Gaudia nōn manent, sed fugitīva volant.
5. Amīcitia vēra est grātuīta.

9 *RATIŌ LŪX LŪMENQUE VĪTAE EST.*

LABOR, VIRTŪS, ITER

명사 제3변화

0. RATIŌ LŪX LŪMENQUE VĪTAE EST.

"이성은 삶의 광명이요 광채여라."(Cicerō)

서구인의 주지주의를 표방하는 키케로의 이 구절에는 새로 보는 세 단어 **ratiō**, ratiōnis f. '이성'; **lūx**, lūcis f. '빛'; **lūmen**, lūminis n. '광채'가 등장하는데 모두 라틴어 제3변화 명사들이다.

이 과에서 배울 것은 인도 유럽어의 전형적인 명사 형태를 간직하고 있는 라틴어 제3변화 명사이다. 이 명사들은 그 어간과 성의 구별 및 음소변화에 있어서도 매우 다양하여 제1, 2, 3식으로 분류된다.

e.g.,	**labor**,	**labōris**	m.	일, 노동, 수고	(제1식)
	pōns,	**pontis**	m.	다리, 교량	(제2식)
	cubīle,	**cubīlis**	n.	침상, 잠자리	(제3식)

제3변화 명사의 주격을 보고서 그 명사의 성을 구별하고 속격을 예측하기가 쉽지 않다. 그러나 주격을 제외한 다른 격에는 일정한 규칙이 있다. 특히 중성은 단수, 복수를 막론하고 주격, 대격, 그리고 호격이 동일한 어미를 갖는다(호격은 항상 주격과 어미가 동일하므로 제3변화부터는 표기를 생략한다).

Philosophus sedens

1. LABOR, ŌRIS : 명사 제3변화 제1식

　규칙적인 변화를 보이는 명사들로서, 자음 어간(thema cōnsonantis)을 갖는 단어들이다. 어간을 찾을 때는 단수 속격에서 찾아야 한다. 대표적인 어미 변화를 보이는 명사 셋을 예거해 보자.

e.g., labor,	labōr-**is**	m.	일, 노동, 수고
virtūs,	virtūt-**is**	f.	덕, 덕목, 용맹
iter,	itiner-**is**	n.	여행, 여로, 행로

		m.	f.	n.
Sg.	1 Nōm.	labor	virtūs	iter
	2 Gen.	labōr-is	virtūt-is	itiner-is
	3 Dat.	labōr-ī	virtūt-ī	itiner-ī
	4 Acc.	labōr-em	virtūt-em	iter
	5 Abl.	labōr-e	virtūt-e	itiner-e
Pl.	1 Nōm.	labōr-ēs	virtūt-ēs	itiner-a
	2 Gen.	labōr-um	virtūt-um	itiner-um
	3 Dat.	labōr-ibus	virtūt-ibus	itiner-ibus
	4 Acc.	labōr-ēs	virtūt-ēs	itiner-a
	5 Abl.	labōr-ibus	virtūt-ibus	itiner-ibus

문제 1. 주격과 속격 어미형태에 유의하여 어휘와 어미 변화 익히기

amor, amōris m. 사랑
arbor, arboris f. 나무
labor, labōris m. 수고
ōrātor, ōrātōris m. 연사, 웅변가
māter, mātris f. 어머니
pater, patris m. 아버지
parentēs, parentum m.pl. 부모
homō, hominis m. 사람, 인간
nōmen, nōminis n. 이름
agmen, agminis n. 대열, 진지

crux, crucis f. 십자가
dux, ducis m. 장수
lēx, lēgis f. 법률
rēx, rēgis m. 왕, 국왕
vōx, vōcis f. 음성, 낱말
mōs, mōris m. 관습, 습관, 방법
sōl, sōlis m. 해, 태양
iūs, iūris n. 법, 정의
corpus, corporis n. 몸, 신체, 육체
tempus, temporis n. 시간, 때

leō, leōnis m. 사자(獅子)

honestās, honestātis f. 정직, 덕성

ōrātiō, ōrātiōnis f. 말, 연설

cīvitās, cīvitātis f. 도성, 국가

ratiō, ratiōnis f. 이성, 이유

lībertās, lībertātis f. 자유

honor, honōris m. 영예, 존경, 직위

pietās, pietātis f. 효성, 신심

pulvis, pulveris m. 먼지, 모래

vēritās, vēritātis f. 진리, 진실

iter, itineris n. 길, 여로

mīles, mīlitis m. 군인

genus, generis n. 종류

iuvenis, iuvenis m.f. 젊은이

senex, senis m.f. 노인, 늙은이

līberī, līberōrum m.pl. 자녀들

N.B. 제3변화에는 불규칙한 경우도 많아 일일이 암기해야 하는 단어들이 있다.

(☞ 《古典 라틴어》 82-83면, 10.3.2, 10.3.3 참조)

문제 2. 제3변화 제1식 명사 문구 파악

Patrī et fīliō ‐ cum mātre patreque ‐ inter parentēs et līberōs ‐ iuvenis tempore ‐ senum virtūtibus ‐ ante tempus lībertātis ‐ mīlitēs cum duce ‐ in bonīs mōribus ‐ sine labōris causā ‐ ad rēgēs Rōmānōrum ‐ cum amōre honōris ‐ dē mōribus antīquīs ‐ servōs in cruce ‐ in nōmine ratiōnis ‐ post labōrēs mīlitum

문제 3. 제3변화 제1식 명사 문장

ōlim 한때는   iam 이미

per (+acc.) …을 통하여   prō (+abl.) …을 위하여

(☞ 전치사의 자세한 용법은 《古典 라틴어》 208-215면 25과 참조)

1. Iūstitia prō cīvitāte est virtūs māgna.
2. Pietās et iūstitia sunt inter virtūtēs pulchrās.
3. Iuvenēs ōlim erāmus, et iam sumus senēs.
4. Ōrātor prō mīlitum virtūte imperātōrem(m. 사령관) laudābat.
5. Iuvenēs per rēgis amōrem exspectābunt fortūnam māgnam.

2. PŌNS, PONTIS : 명사 제3변화 제2식

　　모음 어간 -I-를 갖는 명사들로서 나머지 어미는 제1식과 같으나 복수 속격 어미가 -IUM으로 끝나는 그룹이다. 단음절 명사 가운데 속격에서 두 음절로 늘어나면서 어간에 두 개 이상의 자음을 갖는(e.g., pōns, pont-is; cor, cord-is) 증음절(增音節) 명사와, 단수 주격과 속격이 두 음절로 그치는(e.g., av-is, av-is) 소위 동음절(同音節) 명사가 이 그룹에 속한다.

　　이 명사들의 어미를 예시하면 다음과 같다.

　　　e.g., pōns,   pon**t-is** m.   다리, 교량
　　　　　avis,   **av-is** f.   새
　　　　　cor,   co**rd-is** n.   심장, 마음

		m.	f.	n.
Sg.	1 Nōm.	pōns	av-is	cor
	2 Gen.	pont-is	av-is	cord-is
	3 Dat.	pont-ī	av-ī	cord-ī
	4 Acc.	pont-em	av-em	cor
	5 Abl.	pont-e	av-e	cord-e
Pl.	1 Nōm.	pont-ēs	av-ēs	cord-a
	2 Gen.	pont-IUM	av-IUM	cord-IUM
	3 Dat.	pont-ibus	av-ibus	cord-ibus
	4 Acc.	pont-ēs	av-ēs	cord-a
	5 Abl.	pont-ibus	av-ibus	cord-ibus

N.B. 이 규칙의 예외에 속하는 단어들도 있다.

(☞ 《古典 라틴어》 80면 N.B. 참조)

문제 4. 어휘와 어미 변화 익히기

　　dēns, dentis m. 이, 치아　　　　auris, -is f. 귀
　　fōns, fontis m. 샘, 원천　　　　cīvis, -is m. 시민
　　gēns, gentis f. 씨족, 종족, 민족　　clādēs, -is f. 패전, 재앙
　　mōns, montis m. 산　　　　　　classis, -is f. 함대, 학급
　　nox, noctis f. 밤, 심야　　　　fīnis, -is m. 끝, 목적

pars, partis f. 부분

urbs, urbis f. 도읍, 도시

ōs, ōris n. 입

lac, lactis n. 젖, 우유

mel, mellis n. 꿀

mēns, mentis f. 생각, 지성

mors, mortis f. 죽음

nāvis, -is f. 배, 선박

orbis, -is m. 원형, 둘레

ovis, -is f. 양

piscis, -is m. 물고기

vestis, -is f. 옷, 의복

hostis, -is m.f. 외국인, 적군

문제 5. 제3변화 제2식 명사 문구 파악

In urbe nostrae gentis - ad fontem mortis - nocte clādis vestrae - inter urbēs hostium - Urbis et orbis lingua Latīna - in bellīs classium - māgnīs in montibus - dē ōre patris - melle ac lacte - cīvēs habent lēgēs - per fīnem vītae tuae - ante orbem terrārum - sine piscibus et avibus - per mentem ducis - prō cīvibus inimīcae urbis

문제 6. 제3변화 증음절 명사와 동음절 명사 문장 번역

1. Mīlitēs nostrī classem hostium timēbant.
2. Aqua montium ovēs semper dēlectat.
3. Gentium urbēs et virtūte et gladiīs servābāmus.
4. Genera piscium et avium multa sunt.
5. Clārae vōcēs avium auribus hominum placent.

3. CUBĪLE, IS : 명사 제3변화 제3식

단수 주격이 -E, -AL, -AR로 끝나는 모든 중성명사는 상당한 불규칙을 보인다. 즉 단수 탈격 이 -I, 복수 주격(따라서 대격과 호격도)이 -IA, 복수 소유격이 -IUM으로 끝난다.

e.g., cubīl**e**,   **-is**   n.   침상, 잠자리

anim**al**,   **-ālis**   n.   동물

exempl**ar**,   **-āris**   n.   표본, 모범

		n.	n.	n.
Sg.	1 Nōm.	cubīle	animal	exemplar
	2 Gen.	cubīl-is	animāl-is	exemplār-is
	3 Dat.	cubīl-ī	animāl-ī	exemplār-ī
	4 Acc.	cubīle	animal	exemplar
	5 Abl.	cubīl-Ī	animāl-Ī	exemplār-Ī
Pl.	1 Nōm.	cubīl-IA	animāl-IA	exemplār-IA
	2 Gen.	cubīl-IUM	animāl-IUM	exemplār-IUM
	3 Dat.	cubīl-ibus	animāl-ibus	exemplār-ibus
	4 Acc.	cubīl-IA	animāl-IA	exemplār-IA
	5 Abl.	cubīl-ibus	animāl-ibus	exemplār-ibus

문제 7. 어휘 및 어미 변화 익히기

altāre, -is n. 제단, 제대   sedīle, -is, n. 걸상, 의자
mare, -is n. 바다   tribūnal, -is n. 재판소, 법정
praesēpe, -is n. 구유   vectīgal, -is n. 세납, 세금
rēte, -is n. 그물   in (+acc.) 안으로

문제 8. 제3변화 제3식 명사 문구 파악

dē altārī parvō - per vectīgālia cīvium - vectīgālibus māgnīs - ad tribūnal lēgis iūrisque - in praesēpī animālium - sine altīs maribus - in tribūnālī imperātōris - in altum mare - prō nostrō sedīlī - inter exemplāria piscium - post altāria deōrum - cum lātīs rētibus

문제 9. 제3변화 제3식 명사 문장 번역

1. Lupus et agnus animālia sunt.
2. In multīs gentibus iūra marium valēbant.
3. Agricolæ avēs et animālia rētī tenent.
4. Puellae, vōs flōribus altāria deārum ōrnātis.
5. Portābunt discipulī sedīlia et vestēs in cubīlia.

문제 10. 그밖에도 많이 쓰이는 제3변화 명사 익히기

aetās, -ātis f. 시대, 나이
ars, artis f. 기술, 예술
caput, capitis n. 머리, 우두머리
coniux, iugis m.f. 배우자
cōnsul, -is, m. 집정관
dolor, -ōris m. 고통
mulier, -eris f. 여자, 부인
flūmen, -inis n. 흐르는 물, 강
ignis, -is m. 불, 광채
legiō, -ōnis f. 군단, 무리

mūnus, -eris n. 직무, 예물
opus, operis n. 일, 업적
pāx, pācis f. 평화
pectus, -oris n. 가슴
prīnceps, -cipis m. 우두머리, 군주
scelus, sceleris n. 악행, 죄악
vulnus, -eris n. 상처
vīs f.(vim, vī, vīrēs) 힘, 능력
voluptās, -ātis f. 쾌락
lītus, -oris n. 바닷가, 강가

N.B. 이상과 같이 제1, 2, 3식으로 분류되는 제3변화 명사들의 어미표는 다음과 같다.

	sg.		pl.	
	m.f.	n.	m.f.	n.
1 Nōm.	—	—	-ĒS	-A /-ia
2 Gen.	-IS	-IS	-UM /-ium	-UM /-ium
3 Dat.	-Ī	-Ī	-IBUS	-IBUS
4 Acc.	-EM	—	-ĒS	-A /-ia
5 Abl.	-E	-E	-IBUS	-IBUS

문제 11. 고전 문장

1. Nōn ferās timēmus, sed hominēs.
2. Gaudia prīncipum sunt saepe nostrī dolorēs. (Ovidius)
3. Avāritia est fōns fraudium scelerumque. (Cicerō)
4. Mors īnfantī beāta, iuvenī acerba, nimis sēra est senī.
   (Pūblius Syrus)
5. Īrācundia perpetuum est vitium mentis et pectoris.

10 DŪCUNT VOLENTEM FĀTA, NŌLENTEM TRAHUNT.

REGŌ, AUDIŌ

동사 제3, 4활용 미완료 시제

0. DŪCUNT VOLENTEM FĀTA, NŌLENTEM TRAHUNT.

"운명은 자원하는 사람은 모셔가지만, 싫어하는 사람은 끌고 간다." (Seneca)

세네카의 스토아적인 운명론을 담은 이 두 문장의 동사 **dūcunt**, **trahunt**는 형태소 -UNT가 처음 나오는 것이어서 여태까지 익힌 제1, 2활용과 다른 어미 활용임을 짐작케 한다.

첫문장의 대격보어 **volentem**(volō, volēns, -entis '원하는 사람'), **nōlentem**(nōlō, nōlēns, -entis '원하지 않는 사람')은 23과에서 배울 동사의 분사이다.

이 과에서 공부할 제3활용 동사는 라틴어 동사 가운데, 변화가 제일 다양하고 인도 유럽어의 고유한 특성들을 가장 많이 간직한 어휘들이다. 합성 단어도 유난히 많다. 그 대신 제4활용 동사들은 비교적 단순하고 규칙적이다.

1. REGŌ : 동사 제3활용

제3활용 동사의 미완료 시제 모음어간은 -O/E-이다. 제3활용 동사의 능

Philosophus sedens

동태 미완료 시제(현재, 반과거, 미래)는 다음과 같다.

e.g., regō,   rēxī,   rēctum,   reg**ere**   군림하다
      현재   현재완료   과거분사   부정사

      regō,   reg**ēbam**,   reg**am**
      현재   반과거   미래

	praesēns	imperfectum	futūrum
Sg. 1	regō	regēbam	regam
2	regis	regēbās	regēs
3	regit	regēbat	reget
Pl. 1	regimus	regēbāmus	regēmus
2	regitis	regēbātis	regētis
3	regunt	regēbant	regent

N.B. 동사의 어간에 다음과 같은 어미를 갖고 있다.

	praesēns	imperfectum	futūrum
Sg. 1	-Ō	-Ē-BA-M	-A-M
2	-I-S	-Ē-BĀ-S	-Ē-S
3	-I-T	-Ē-BA-T	-E-T
Pl. 1	-I-MUS	-Ē-BĀ-MUS	-Ē-MUS
2	-I-TIS	-Ē-BĀ-TIS	-Ē-TIS
3	-U-NT	-Ē-BA-NT	-E-NT

N.B. 제3활용 동사는 부정사가 -ERE로 끝난다(régere)는 점에 있어서 제2활용 동사
    (monēre)와 비슷하지만 모음의 장단이 다르다. 제3활용의 모든 어간에 따라오
    는 연결모음(-E/O-)이 악센트가 없는 단음절에서는 거의 다 -I-로 약화됨을 유의
    할 것이다.

문제 1. 제3활용 동사 미완료 시제 활용 연습

agō, ere 행동하다, 행위하다   gerō, ere 지니다, 실행하다
claudō, ere 닫다, 잠그다   intellegō, ere 알아듣다, 깨닫다
cognōscō, ere 인식하다. 알다   legō, ere 읽다

cōgō, ere 집합시키다, 강요하다   ostendō, ere 드러내다, 밝히다
crēdō, ere 믿다   relinquō, ere 남겨놓다, 떠나다
dīcō, ere 말하다   vincō, ere 이기다, 정복하다
dīligō, ere 사랑하다, 아끼다   vīvō, ere 살다
dīvidō, ere 나누다
sub (+acc.) 밑으로   sub (+abl.) 밑에

(☞ 전치사의 자세한 용법은 《古典 라틴어》 208-215면 25과 참조)

문제 2. 제3활용 동사 미완료 시제 문구 파악

claudēbam portās - agis bene semper - dīligētis līberōs vestrōs - dīcunt vērum - sub tuō auxiliō vīvimus - legēbāmus librōs vestrōs - sapientiam cognōscēs vēram - litterās relinquam fīliō - virtūte vincēbāmus nōn dolō - vīvēmus tunc in oppidō - tibī dīvidam rēgnum - sub montem dūcunt incolās - dīligēbant patriae lībertātem - nōn cognōscētis dē vītā patris meī

문제 3. 문장 번역(동사의 시제와 수를 바꾸고 이탤릭 어휘를 대체하여 문장 꾸미기)

1. Dux cognōscit *iter* sub monte.   [mīles / hostis m.]
   [예] → Ducēs cognōscunt itinera.
           Ducēs cognōscēbant mīlitēs suōs.
           Ducēs cognōscent hostēs patriae.
2. Amīcō vērō *vērum* dīcam.   [nōmen / vēritās]
3. Ōrātor *mīlitibus* legēbat imperātōris epistulam. [iuvenis / cīvis]
4. Vincētis *hostēs* multōs virtūte et gladiīs.   [perīculum / classis]
5. Incolae vīvunt in *oppidīs* suīs.   [in + mōns /cīvitās]

2. AUDIŌ : 동사 제4활용

제4활용 동사들은 어근에 -I- 모음어간을 가지며, 그 뒤에 어미를 붙이는 형태를 갖고 있다(따라서 부정사는 어간에 -ĪRE를 붙여 만든다). 이 동사의

어미 변화를 살펴보자.

e.g., aud**iō**,　audīvī,　　　audītum,　　aud**īre**　듣다
　　　현재　　　현재완료　　　과거분사　　　부정사

　　　aud**iō**,　aud**iēbam**,　aud**iam**
　　　현재　　　반과거　　　미래

	praesēns	imperfectum	futūrum
Sg. 1	audiō	audiēbam	audiam
2	audīs	audiēbās	audiēs
3	audit	audiēbat	audiet
Pl. 1	audīmus	audiēbāmus	audiēmus
2	audītis	audiēbātis	audiētis
3	audiunt	audiēbant	audient

N.B. ① 어근을 제외하고 넓은 의미의 어미 형태를 열거하면 다음과 같다.

	praesēns	imperfectum	futūrum
Sg. 1	-I-Ō	-IĒ-BA-M	-IA-M
2	-Ī-S	-IĒ-BĀ-S	-IĒ-S
3	-I-T	-IĒ-BA-T	-IE-T
Pl. 1	-Ī-MUS	-IĒ-BĀ-MUS	-IĒ-MUS
2	-Ī-TIS	-IĒ-BĀ-TIS	-IĒ-TIS
3	-IU-NT	-IĒ-BA-NT	-IE-NT

② 제3, 4 활용 동사 2인칭 능동태 명령법은 -E! -ĪTE!와 -Ī!, -ĪTE!로 되어 있다.

제3활용　**regō**　→　**rege**!　**regite**!　군림하라!
제4활용　**audiō**　→　**audī**!　**audīte**!　듣거라!

N.B. 제3활용 동사 중 몇은 단수 명령법에 말미의 모음이 탈락하는 형태를 취한다
: **dīcere** → **dīc**! 말하라!, **dūcere** → **dūc**! 데려가라!, **facere** → **fac**! 해라!,
ferre → **fer**! 가져가라! 이 동사들도 복수명령은 다른 동사와 동일하다: **dīcite**!
dūcite! **facite**! **ferte**!

문제 4. 어휘 익힘

aperiō, īre   열다
custōdiō, īre   지키다, 수호하다
dormiō, īre   잠자다
feriō, īre   때리다, 상처 입히다
fīniō, īre   끝내다, 끝나다
oboediō, īre   복종하다 (+dat.)
inveniō, īre   발견하다

sciō, īre   알다, 이해하다
sentiō, īre   든다, 느끼다
serviō, īre   섬기다, 종살이하다
sepeliō, īre   파묻다
veniō, īre   오다
vestiō, īre   옷 입다. 옷 입히다

문제 5. 문구 파악

veniēbam in urbem - multī oboediunt pecūniae - oboedīre vēritātī - sub rēge serviēbāmus inimīcīs - nātūra vestiet - prō patriā lēgibus oboediēbant - tē custōdiam tuōsque - multa nōn scīmus - sepeliēbāmus nostrōs - feriunt equōs sagittīs - fīniet vītam līberōrum - Sentītisne dolōrēs vestrōs? - in urbem veniunt agricolae - iūdex audiēbat causam prō cīvibus

문제 6. 제4활용 동사 문장 번역(동사의 시제와 수를 바꾸고 이탤릭 어휘를 대체하기)

1. Audiēbāsne clāmōrēs *cīvium*?   [mīles / populus]
2. *Incolae* audiēbant ducem hostium. [pater / gēns]
3. Senex māgnō silentiō ōrātōris *verba audiet*.

[dōnum-relinquō / vectīgal-custōdiō]

4. In *ovīlī* dormient agnī, puerī nostrī autem in cubīlī.

[sub-arbor / intrā-mōns]

5. Ubī custōdiam pecūniam *meam*?   [vester / suus]

N.B. CAPIŌ : 합성 활용

제3활용의 어떤 동사는 직설법 현재 단수 1인칭 어미가 -IŌ로 되어 있어서(IŌ-동사) 제3활용 제2식이라고도 하고, 마치 제4활용과 합성된 형태를 띠고 있어서 합성 활용(coniugātiō mixta)이라고도 한다. 이 동사는 모음어간이 -IŌ- 이므로 미완료 시제의 어미활용에서 모음 -I-를 보유한다.

e.g., cap**iō**,   cēpī,   captum,   cap**ere**   붙잡다
　　현재　　　　현재완료　　과거분사　　부정사

　　cap**iō**,　　cap**iēbam**,　　cap**iam**
　　현재　　　　반과거　　　　미래

	praesēns	imperfectum	futūrum
Sg. 1	capiō	capiēbam	capiam
2	capis	capiēbās	capiēs
3	capit	capiēbat	capiet
Pl. 1	capimus	capiēbāmus	capiēmus
2	capitis	capiēbātis	capiētis
3	capiunt	capiēbant	capient

문제 7. 어휘 익히기와 미완료 시제 활용 연습

accipiō, ere 받다
capiō, ere 붙잡다
cupiō, ere 탐하다, 원하다
faciō, ere 만들다, 행하다
fodiō, ere 파다
fugiō, ere 도망하다, 피하다

ēripiō, ere 빼앗다, 빼내다
iaciō, ere 던지다
pariō, ere 낳다
quatiō, ere 흔들다
rapiō, ere 빼앗다, 강탈하다
sapiō, ere 맛내다, 맛보다

문제 8. 합성 활용동사 문구 파악

Fugiēbant hostēs - iaciēbāmus saxa ad inimīcōs - et vōs fugiētis - sub lūnā fodit terram - capiēmus fortūnam vīribus - dīcēbant cīvēs - pīrātae rapiēbant oppidum - fugiunt sub tuum auxilium - semper cupiēs pecūniam - cibus sapit bonus

문제 9. 합성 활용동사 문장 번역(동사의 시제 바꾸기. 이탤릭 어휘로 대체하기)

1. Hostēs cum māgnīs vīribus *iter* faciunt.   [pōns]

   [예] →   Hostis cum māgnīs vīribus itinera facit.

        →   Hostēs cum māgnīs vīribus pontēs faciēbant.

2. Cīvēs tyrannī *mortem* cupiēbant.   [rēgis victōria]

3. *Aquila* nōn capiet muscās.   [leō - columba]

4. Patrēs līberōs suōs facient *mīlitēs* bonōs.   [agricola]

5. *Clāmōrēs* mīlitum quatiēbant collem et terrēbant hostēs.

[numerus]

문제 10. 고전 문장

1. Fāta viam invenient. (Vergilius)

2. Beātam vītam perfecta sapientia reddit. (Seneca)

3. In animī sēcūritāte vītam beātam pōnimus. (Cicerō)

4. Mors labōrēs vītae sub lūnā fīniet.

5. Multī nōn virtūte hostium, sed amīcōrum perfidiā dēcidunt. (Nepōs)

11 HUIUS FACTA, ILLĪUS DICTA LAUDĀTIS

HIC, ILLE, ISTE

지시대명사 및 지시형용사

0. HUIUS FACTA, ILLĪUS DICTA LAUDĀTIS

"그대들은 이 사람은 행적을, 저 사람은 발언을 두고 칭송한다."(Cicerō)

두 개의 문장소 **huius**, **illīus**가 제각기 고유한 지시대명사의 속격으로서 **facta**, **dicta**와 더불어 동사의 대격보어 문장소를 이루고 있다. 대명사는 명사를 대신하여 쓰이며 라틴어에서는 인칭대명사를 제외하고는 모두 형용사의 역할을 겸한다. 따라서 어미 변화 형태나 용법상으로 명사와 형용사를 겸하고 있다. 라틴어 대명사의 종류는 크게 지시대명사, 관계대명사, 인칭대명사로 나누어진다. 인칭대명사보다 먼저 이 과에서는 지시대명사의 어미 변화와 용례를 익힌다.

1. 지시대명사

m.	f.	n.	
hic	haec	hoc	이 남자, 이 여자, 이것
ille	illa	illud	저 남자, 저 여자, 저것
iste	ista	istud	(상대방 근처) 그 남자, 그 여자, 그것
is	ea	id	그, 그녀, 그것(3인칭 대명사 역할)

Parentes et filius in cippo funebri

지시대명사는 사람이나 사물을 지적하는 구실을 한다. 라틴어에서 지시
대명사로 꼽는 네 가지를 공부한다.

N.B. 지시대명사들의 어미는 대체적으로 명사 제1, 2변화를 따라가는데 다만 단수 속
격과 여격이 3변화에 가까운 어미(-ĪUS, -Ī)를 보이는 점에 유의하여야 한다. 워
낙 흔히 나오는 어휘이므로 일일이 어미 변화를 살펴보기로 한다.

		m.	f.	n.
Sg.	1 Nōm.	hic	haec	hoc
	2 Gen.	huius	huius	huius
	3 Dat.	huic	huic	huic
	4 Acc.	hunc	hanc	hoc
	5 Abl.	hōc	hāc	hōc
Pl.	1 Nōm.	hī	hae	haec
	2 Gen.	hōrum	hārum	hōrum
	3 Dat.	hīs	hīs	hīs
	4 Acc.	hōs	hās	haec
	5 Abl.	hīs	hīs	hīs

① HIC, HAEC, HOC '이 남자, 이 여자, 이것', (형용사) '이…'
물리적으로나 개념상으로 말하는 당사자에게 가까이 있는 존재를 가리킨다.
e.g., Dabis **huic** librum?   이 사람에게 책을 줄 텐가?
　　 in **hōc** monte   이 산에서

② ILLE, ILLA, ILLUD '저 남자, 저 여자, 저것', (형용사) '저…'
말하는 당사자에게서, 혹은 듣는 사람에게서 멀리 떨어진 사람이나 사물을
가리킨다[때로는 경의(敬意)를 담고 있다].

		m.	f.	n.
Sg.	1 Nōm.	ille	illa	illud
	2 Gen.	illīus	illīus	illīus
	3 Dat.	illī	illī	illī
	4 Acc.	illum	illam	illud
	5 Abl.	illō	illā	illō
Pl.	1 Nōm.	illī	illae	illa
	2 Gen.	illōrum	illārum	illōrum
	3 Dat.	illīs	illīs	illīs
	4 Acc.	illōs	illās	illa
	5 Abl.	illīs	illīs	hīs

e.g., **illud** Aristotelis   아리스토텔레스의 저 유명한 말
　　 Alexander **ille**   저 위대한 알렉산더

③ ISTE, ISTA, ISTUD '그 남자, 그 여자, 그것', (형용사) '그…'
화자가 상대방 가까이 있는 사람과 사물을 가리킨다(때로 경멸적인 의미도
포함한다).

		m.	f.	n.
Sg.	1 Nōm.	iste	ista	istud
	2 Gen.	istīus	istīus	istīus
	3 Dat.	istī	istī	istī
	4 Acc.	istum	istam	istud
	5 Abl.	istō	istā	istō
Pl.	1 Nōm.	istī	istae	ista
	2 Gen.	istōrum	istārum	istōrum
	3 Dat.	istīs	istīs	istīs
	4 Acc.	istōs	istās	ista
	5 Abl.	istīs	istīs	istīs

e.g., **Istum** vidēbam saepe.   (당신 곁의) 그 사람을 자주 보았소
　　　istī prōditōrēs   저따위 매국노들은

④ IS, EA, ID 그, 그 여자, 그것.
　　지시대명사로서, 특히 3인칭 대명사로서 쓰인다. 지시형용사로서의 의미는 약
　　하다.

		m.	f.	n.
Sg.	1 Nōm.	is	ea	id
	2 Gen.	eius	eius	eius
	3 Dat.	eī	eī	eī
	4 Acc.	eum	eam	id
	5 Abl.	eō	eā	eō
Pl.	1 Nōm.	eī	eae	ea
	2 Gen.	eōrum	eārum	eōrum
	3 Dat.	eīs	eīs	eīs
	4 Acc.	eōs	eās	ea
	5 Abl.	eīs	eīs	eīs

e.g., **Eum** videō.   나는 그를 본다.
　　　Eās videō.   나는 그 여자들을 본다.
　　　Eīs dant aquam puellae. 소녀들이 그들에게 물을 준다.
　　　Cum eā vīvit poēta.   시인은 그녀와 함께 산다.

N.B. ① 지시대명사의 성 : 지시대명사는 문장 속의 일정한 명사를 대신하는 역할을
　　　맡기 때문에 지시대명사의 성, 수, 격은 그것이 대신하는 명사의 성, 수, 격
　　　에 의해서 결정된다.

e.g., Illa est soror mea.   저 여자가 나의 누이이다.
　　　Hoc illīs dabō.   나는 이것을 저 사람들한테 주겠다.
　　　 (남자인지 여자인지는 문맥을 보아야 한다)
　　　Istum amat amīca tua.   네 여자 친구는 바로 저자를 좋아하고 있다.

② 지시형용사는 지시대명사와 똑같은 같은 형태를 지닌다. 차이점은 단지 그것
　이 수식하는 명사를 동반하여 성, 수 격을 맞추어 문장소가 된다는 것이다.

e.g., Hic clāmābat māgnā vōce.　　　이 사람은 큰 소리를 질렀다.
　　　Hic puer clāmābāt māgnā vōce.　이 소년은 큰 소리를 질렀다.
　　　Istam dēbeō dūcere in oppidum. 나는 저 여자를 읍내로 데려가야 한다.
　　　In istā urbe meus amīcus nōn habitat. 저 동네에는 내 친구가 살지 않는다.
　　　Ille gladium mīlitis capit.　　　저 사람은 군인의 칼을 잡는다.
　　　Illī poētae dant puellae dōnum.　저 시인에게 소녀들이 선물을 준다.

문제 1. 지시대명사 문구파악

- haec pōpulus
- cum hōc nautā
- illīus auctōritās(-atis f. 권위)
- ista est vīs tua?
- hōrum māgna potentia
- sub istīs artibus
- hārum fīliārum
- sine istōrum dominīs
- sub eum dūcent fīlium eius
- eius cīvitātis
- ante eum stābat ōrātor

- hunc populum
- istīus fabrī
- huic dabō pecūniam
- hī in urbe, illī in oppidīs
- inter hunc librum et illum
- dē illīus virtūte
- in hās cīvitātēs
- huncine(=hunc-ne) mittēs ad mē?
- dē eōrum fortūnā
- eārum fīliae pulchrae
- eum post eam, illum ante istam

문제 2. 지시대명사 문장 번역(다른 지시대명사로 대체하기)

1. Haec nōn est culpa illīus.
　　　[예] → Haec nōn est culpa huius.
　　　　　 → Haec nōn est culpa istīus.
　　　　　 → Haec nōn est culpa eius.
2. Puellās videō. Vidēsne eās etiam(…도, 또한[접속사]) tū?
3. Dabant huic multum cibum mātrēs.
4. Hoc bellum erit malum. Id timeō.
5. Quandō poterō illam vidēre?
6. Labor et bellum erant artēs eōrum.
7. Haec dōna dabat ancilla mīlitī.

8. Istīs servīs nōn relinquēmus pecūniam.

N.B. 대신하거나 수식하는 명사를 강조하거나 방금 언급한 인물이나 사물과 같음을
가리키는 대명사들이 있는데 강의(强意) 대명사라고 부른다.

(☞ 《古典 라틴어》 100-102면 12.6-7 참조)

idem, eadem, idem   같은 그 남자, 같은 그 여자, 같은 그것
ipse, ipsa, ipsum   바로 그 남자, 그 여자, 그것, 친히, 본인
Idem은 앞에 나온 **is, ea, id** 대명사에 -DEM 후접사를 붙인 것이다(e.g., m.
sg. **idem, eiusdem, eīdem, eundem, eōdem**; pl. **eīdem, eōrundem**...)
Ipse의 어미 변화도 다른 지시대명사들과 같다(e.g., m. sg. **ipse, ipsīus, ipsī,
ipsum, ipsō**; pl. **ipsī, ipsōrum**...)

e.g., Tū eadem semper dīcis.   너는 언제나 같은 말만 한다.
      Puellam ipsam vidēbō.   바로 그 처녀 본인을 만나보아야겠다.
      Magister ipse dīcit.   선생님 친히 그렇게 말씀하신다.
      Idem iīs erat pater, eadem māter, idem mūnicipium.
          그들에게는 아버지가 같았고 어머니가 같았고 사는 도시(국가)가 같았다.
      Dux mīlitēs in hiberna dūcēbat, ipse in Italiam veniēbat.
          장군은 병사들을 겨울병영으로 인솔해 들어갔다. 그리고 본인은 이탈리아로 왔다.

문제 3. 고전 문장

1. Nōn eadem hominibus sunt semper honesta. (Nepōs)
2. Necessitās dat lēgem, nōn ipsa accipit. (Pūblius Syrus)
3. Ista vēritās nōn est iucunda, sed grāta. (Cicerō)
4. In hōc obnoxiō domiciliō animus habitat. (Seneca)
5. Hī in illōrum et illī in hōrum sermōne surdī sunt. (Cicerō)

12 *PROXIMUS SUM EGOMET MIHĪ*

EGŌ ET TŪ

인칭대명사, 소유형용사, 대명사적 형용사 및 부정대명사

0. PROXIMUS SUM EGOMET MIHĪ

"나야말로 나한테 가장 가까운 이웃이지."(Terentius)

이 과에서는 대명사 가운데 가장 많이 쓰이는 인칭대명사(e.g., egō, tū, sē) 및 그와 관련되는 소유형용사(e.g., meus, noster)를 공부한다. 그리고 대명사의 역할을 자주하는 라틴어 형용사(e.g., ūnus, sōlus, tōtus)와 부정대명사(e.g., nēmō, nihil)도 언급하겠다.

1. EGŌ ET TŪ : 인칭대명사

라틴어 인칭대명사는 인도 유럽어 고유의 모습을 잘 간직하고 있다.

	1인칭		2인칭		재귀 3인칭
	나	우리	너	너희	자기
1 Nōm.	egō	nōs	tū	vōs	—
2 Gen.	meī	nostrī	tuī	vestrī	suī
3 Dat.	mihī	nōbīs	tibī	vōbīs	sibī
4 Acc.	mē	nōs	tē	vōs	sē
5 Abl.	mē	nōbīs	tē	vōbīs	sē

Etruscus saltans(Tarquinii)

그러나 굴절어인 동사의 어미로 미루어 주어가 어느 인칭인지 추측할
수 있으므로 라틴어 문장에서 인칭대명사 주격은 거의 생략되며, 굳이 주격
인칭대명사가 문장에 나올 때에는 뜻을 명확히 하거나 강조하기 위함이다.
　라틴어 인칭대명사 변화는 표와 같다.

N.B. ① 다만 **meī**, **tuī**, **suī**, **nostrī**, **vestrī**는 객어 속격이라 하여 일정한 행위
와 수식의 대상이 될 때 쓰이고(e.g., **odium suī 자기자신에 대한 증오;
mementō meī! 나를 기억해 다오!**), 그 대신 '우리들 중의' 혹은 '너희들 중
의' 라는 의미를 갖는 경우는 **nostrum**, **vestrum**이라는 단어를 사용하며
분할 속격이라 부른다(e.g., **aliquis nostrum venit. 우리 가운데 누가 오긴
온다.**). 소유를 나타내는 부가어 즉, '나의 책', '우리 집', '너희 부모님'에서
쓰이는 부가어는 아래 나오는 소유 형용사로 표현한다.
② 라틴어에는 '그, 그녀, 그것' 등을 표현할 3인칭대명사가 따로 없기 때문에 앞
과에서 배운 지시대명사 **is**, **ea**, **id**가 대신 쓰인다. 위의 표에 나타나는 3인
칭 대명사는 재귀대명사(再歸代名詞)로서 3인칭 주어가 문장 속에 이미 나와
있거나 암시되어 있을 때에 쓰인다.
e.g., Id eī dabō.　　　　　나는 그것을 그에게 주겠다.
Homō amat sē ipsum.　사람은 누구나 자신을 사랑한다.

2. MEUS, TUUS, SUUS : 소유형용사

인도 유럽어의 고유한 특성을 받아, 라틴어에서도 1, 2인칭대명사에 부
속하는 사물을 가리킬 때 (나의 아들, 우리 집, 자신의 사명, 너희 나라) 소유 형
용사를 사용한다. 어미 변화는 제1형 형용사(bonus, bona, bonum; pulcher,
pulchra, pulchrum) 변화를 따른다.

e.g., Suus cuique erat locus dēfīnītus.
　　　누구에게나(cui-que: [130면 참조]) 자기 자리가 정해져 있었다.
Meum mihī placēbat, illī suum.
　　　내게는 내 것이, 그에게는 자기 것이 마음에 들었다.

			소유물의 성과 수		
			m.	f.	n.
소유자	Sg.	나	meus	mea	meum
		너	tuus	tua	tuum
		그	(eius	eius	eius)
		자기	suus	sua	suum
		우리	noster	nostra	nostrum
		너희	vester	vestra	vestrum
		그들	(eōrum	eārum	eōrum)
		자기들	suus	sua	suum
	Pl.	나	meī	meae	mea
		너	tuī	tuae	tua
		그	(eius	eius	eius)
		자기	suī	suae	sua
		우리	nostrī	nostrae	nostra
		너희	vestrī	vestrae	vestra
		그들	(eōrum	eārum	eōrum)
		자기들	suī	suae	sua

N.B. ① 라틴어에 3인칭 대명사가 따로 없듯이, 3인칭 소유형용사도 따로 없다. 순수
하게 '그의, 그들의' 라고 표현할 때에는 지시대명사 **is, ea, id**의 속격, 다시
말해서 단수는 **eius**(m.f.n.), 복수는 **eōrum**(m.n.), **eārum**(f.)을 쓴다. 고유
한 형용사 형태를 한 3인칭 형용사는 재귀형용사이다. 곧 '자기의' 라는 말로
서 번역될 주체가 문장에 이미 나온 경우에만 쓰인다.

② 위 표에서 보듯이 소유형용사는 어디까지나 형용사이며, 수식하는 명사의 성
과 수와 격을 따른다. **소유자의 성과 수가 아니라** 소유되는 사물의 성수격을
따른다. 3인칭 **eius, eōrum, eārum**의 경우는 소유주의 수와 성이 표시된
다(1인칭과 2인칭 형용사는 소유형용사와 재귀형용사의 역할을 둘 다 한다).

e.g., 어디에 나의 책이 있느냐?   Ubī est liber (m.sg.) meus?
어디에 나의 책들이 있느냐?   Ubi sunt librī (m.pl.) meī?

어디에 너의 누이가 있느냐?	Ubī est soror (f.sg.) tua?
어디에 너의 누이들이 있느냐?	Ubī sunt sorōrēs (f.pl.) tuae?
누가 그의 소를 보느냐?	Quis videt bovem eius?(소유주가 한 명)
누가 그들의 소를 보느냐?	Quis videt bovem eōrum?(소유주가 여럿)

문제 1. 인칭대명사와 소유형용사 문구 파악

Per timōrem vestrī - vestra salūs - pāx nōbīscum et vōbīscum - sine amōre nostrī - prō salūte suā - contrā mē meáque - fīliī meī - cāra nōbīs - ad mātrem meam - mihī est amīcitia vestra - esne tū mihī imperātor? - sub arborēs tuās - sub castrīs vestrīs - inter parentēs vestrōs - virtūtis suae - cīvitātum suārum

문제 2. 인칭대명사와 소유형용사 문장 번역

1. Amīcus meus sē ipsum amat.
2. Tēcum iter faciam hodiē.
3. Cīvēs meī, me meáque vōbīs trādam.
4. Frāter, egō semper mortem tuam timeō.
5. Māter mea, dā veniam mihī, veniamque fīliō tuō!

3. ŪNUS, SŌLUS, TŌTUS : 대명사적 형용사

라틴어에서는 어떤 형용사도 명사로 쓰일 수 있으나 특히 대명사의 역할을 자주하는 형용사들이 있어서 대명사적 형용사라고 부른다.

ūnus,	ūna,	ūnum	하나, 한, 홀로, 유일한
sōlus,	sōla,	sōlum	혼자서, 다만, 오직
tōtus,	tōta,	tōtum	온, 전
alter,	altera,	alterum	(둘 중의) 다른 하나, 제2의
uter,	utra,	utrum	둘 중 어느? 둘 다
alius,	alia,	aliud	다른

이 대명사적 형용사들은 그 어미 변화가 일반 대명사의 형태를 따른다. 즉 단수 속격 어미가 -ĪUS, 단수 여격 어미가 -Ī이며, 나머지는 형용사 변화 제 1형의 어미를 따른다.

e.g., **tōtus**,   a,   um   온, 전, 전체

	sg.			pl.		
	m.	f.	n.	m.	f.	n.
1 Nōm.	tōtus	tōta	tōtum	tōtī	tōtae	tōta
2 Gen.	tōtīus	tōtīus	tōtīus	tōtōrum	tōtārum	tōtōrum
3 Dat.	tōtī	tōtī	tōtī	tōtīs	tōtīs	tōtīs
4 Acc.	tōtum	tōtam	tōtum	tōtōs	tōtās	tōta
5 Abl.	tōtō	tōtā	tōtō	tōtīs	tōtīs	tōtīs

N.B. 그러나 정작 **alius**, a, ud 외에는 복수를 거의 사용 않는다.

e.g., ūnus mīlitum   병사 중의 하나가
Ūnus Deus est bonus.   신 홀로 선하다.
Sōlus venit.   혼자서 온다.
Tū sōla pulchra es!   그대 홀로 아름답다.
tōtus orbis terrārum   온 세상
Tōtus tuus sum egō.   나는 오로지 그대의 것.
Ūnum dīligis, alterum contemnis.   너는 하나를 사랑하고 다른 하나는 멸시한다.
Alter egō est amīcus.   친구란 제 2의 자아이다.
Mōnstrābat utrī Urbem.   두 사람 모두에게 (로마) 시내를 보여 주었다.
Utrum nōn potest satiāre iūdex.   판사가 두 사람 다 만족시킬 수는 없다.
Aliī ita dīcunt.   다른 이들은 이렇게 말한다.
Aliud est legere, aliud est intellegere. 책을 읽는 것과 이해하는 것은 다른 것이다.

문제 3. 오른편 명사에 맞추어 형용사 변화 연습

[sōlus, a, um]   prūdentia, -ae f.   amor, amōris m.
[tōtus, a, um]   agmen, agminis n.   nox, noctis f.

[alter, altera, alterum]   iter, itineris n.   mors, mortis f.
[uter, utra, utrum]   senex, senis m.f.   auris, -is f.
[alius, a, ud]   iūs, iūris n.   cīvitās, cīvitātis f.

N.B. **alius**의 단수 속격은 **alterīus**   trībūnus, -ī, m. 호민관, 장교

문제 4. 대명사적 형용사 문구 파악

Ūnīus incolae - cum ūnō tribūnō - tōtīus Graeciae - in tōtum rēgnum - alius poēta - utrī fēminae - dē sōlīus ducis glōriā - contrā tōtam Rōmam - aliōrum deōrum - post ūnum bellum - aliīs dominīs - altera hominis fortūna

문제 5. 대명사적 형용사 문장 번역

1. Sōla nōs philosophia excitābit(excito, -āre 자극하다).
2. Alius alium timet.
3. Tōtus populus Gallōrum fugere incipiēbat.
4. Frātrēs alter in alterum culpam pōnunt.
5. Ūnī tribūnō glōriam dabat.

4. NĒMŌ, NIHIL : 부정대명사와 부정형용사

대상이 정확하게 지시되지 않는 부정대명사들 가운데 동사 자체를 부정하는 대명사들이 있다. 라틴어 문장에서 흔히 쓰이는 **nēmō, nihil**이 그것이다. 두 어휘는 어미 변화가 특수하다.

nēmō (ne-homō)   m.   아무도 (…아닌)
nihil   n.   아무 것도 (…아닌), 무(無)

N.B. ① 어미 변화는 **Nēmō, nūllīus, nēminī, nēminem, nūllō**이며, **nihil**은 주격과 대격만 쓴다.

② 다음 부정형용사는 앞의 **tōtus**, a, um과 같은 어미로 변화한다.

nūllus, **nūlla**, **nūllum**   어느 …도 아닌

ūllus, **ūlla**, **ūllum**   어느 …도 아닌(부정사 선행)

neuter, **neutra**, **neutrum**   둘 중의 어느 하나도 아닌

e.g., Nēmō tē vidēbat in cūriā.   아무도 원로원에서 너를 보지 못하였다.
      Nihil perpetuum sub sōle.   태양 아래 아무것도 영속하지 않는다.
      Nūlla lēx hoc prohibet.   아무 법도 이것을 금하지 않는다.
      Nūllīus glōria permanet semper.   그 누구의 영광도 영속하지 못한다.
      Numquam dīligit ūllum.   그는 결코 그 누구도 사랑하지 않는다.
      Sine ūllā lēge vīvimus.   우리는 아무 법 없이도 산다.
      Gnaeum et Lūcium quaerō. Neutrum videō.
              그나이우스와 루키우스를 찾는다. 두 사람 다 안 보인다.

문제 6. 고전 문장

1. Nēmō sine vitiō est.
2. Neuter neutrī nocet.
3. Nīl (= nihil) hominī certum est. (Ovidius)
4. Meum mihi placēbat, illī suum. (Cicerō)
5. Homō semper aliud, Fortūna aliud cōgitat. (Pūblius Syrus)

13 *VĒNĪ, VĪDĪ, VĪCĪ!*

LAUDĀVĪ, MONUĪ

제1, 2 활용 동사 능동태 완료시제

0. VĒNĪ, VĪDĪ, VĪCĪ

"왔노라! 보았노라! 이겼노라!" (Suētōnius)

로마 역사가 수에토니우스가 전하는 카이사르의 이 유명한 승전보는 단 몇 마디로도 많은 것을 간추리는 라틴어의 진수를 보여준다. 제4활용동 사 **vēnī**(← veniō, īre), 제2활용동사 **vīdī**(← videō, ēre), 제3활용동사 **vīcī**(← vincō, ere)는 모두 동사 현재완료 1인칭으로 카이사르의 정벌 작전이 완료 되었음을 뜻한다.

인도 유럽어 동사의 시제는 미완료 시제(tempus īnfectum)와 완료시제 (tempus perfectum)에 따라서 동사어간 형태도 사뭇 다른 경우가 많다. 지금 까지는 라틴어동사 네 활용의 능동태 미완료 시제들을 배웠으니 지금부터 는 완료시제를 배우기로 한다.

N.B. 라틴어 동사의 미완료 시제들은 한결같이 현재 어간을 바탕으로 하여 어미 변 화를 시켰다(e.g., amō 나는 사랑한다, amābō 나는 사랑하리라, amābam 나는 사랑하곤 하였다). 라틴어 완료형 어간이 만들어지는 과정은 동사 어근을 기준으 로 크게 네 가지다. 단어를 암기하고 구사하는 데 유익하므로 유념해 둘 만하다.

① 어근의 반복 : 현재 (기본) 어근이 완료형 어두에 반복된다.

Aquaeductus Romanus

e.g., dō > dedī 주다;   stō > stetī 서다;   canō > cecinī 노래 부르다

② 모음의 연장 : 어근의 정상모음이 장모음으로 연장된다.
e.g., věniō > vénī 오다,   sědeō > sědī 앉다,   făciō > fěcī 행하다

③ 시그마(σ) 어간 : 어근에 -s-가 붙는다.
e.g., dīcō > dīc-s-ī = dīxī 말하다; scrībō > scrīb-s-ī = scrīpsī 글쓰다

④ -VĪ- 어간: 어근에 -VĪ-나 -UĪ- 접사가 확대되어 완료형을 이루며, 지금 배울
제 1, 2, 4활용 동사가 대부분 이 형태를 취한다.
e.g., amō > am-ā-vī 사랑하다;   moneō > mon-uī 권하다;
      fīniō > fīnī-vī 끝내다

(☞《古典 라틴어》120면 15.1 및 각주 참조)

1. 제1활용 완료 시제

제1활용 동사의 완료형은 LAUD-Ā-VĪ '나는 칭찬하였다'에서 보듯이, 대부분 -VI- 어간을 갖는다. 장모음 -Ā로 끝나는 제1활용 동사에 어간 -VI-를 붙어서 완료형의 정규어간을 이룬다.

N.B. ① 라틴어 사전에서 발견하는 동사의 배열, 예를 들어 **laudō**, **laudāvī**, **laudātum**, **laudāre** (혹은 그 축약형 laudō, āvī, ātum, āre) '칭찬하다' 라던가 **dō**, **dedī**, **datum**, **dare** '주다'의 두 번째 어휘들 **laudāvī**, **dedī** 가 현재완료 어미로서 완료시제 어미 전부의 근간이 된다.

　② 제1활용 동사의 부정법 현재는 laudāre, 과거는 laudāvisse이다.

(1) 제1활용 현재완료 : LAUD-Ā-VI-T

현재완료(perfectum)는 과거의 행위로서 지속, 완료, 진행을 별도로 지칭하지 않고 그 행위가 일단 발생하였음을 가리키는 소위 부정과거(aoristum)와, 현재로 보아서는 행위가 끝나 있는 완료(perfectum)를 겸한다. 제1활용 동사 능동태 어미 활용은 다음과 같다. 단순히 '…하였다'라고 번역한다.

Sg. 1	laud-āvī	laud-ā-vī	Ī
2	laud-āvistī	laud-ā-vi-st-ī	-I-STĪ
3	laud-āvit	laud-ā-vi-t	-I-T
Pl. 1	laud-āvimus	laud-ā-vi-mus	-I-MUS
2	laud-āvistis	laud-ā-vi-s-tis	-I-STIS
3	laud-āvērunt	laud-ā-vē-ru-nt	-ĒR-UNT

N.B. ① 동사 구조를 의미소(taxēma)로 분석하면 가운데 도표처럼 어근 LAUD-와 모음어간 -A-에 완료어간 -VI-까지 첨부된 부분이 어간이고 그 뒤에 어미가 붙는 형태이다. 마지막 표는 라틴어 동사 능동태 전부에 공통으로 쓰이는 어미이므로 암기해 둘 만하다.

　좁은 의미의 어미는 -STĪ, -T, -MUS, -STIS, -UNT이지만, 초급 학습에서 어미를 암기할 때에는 오른쪽 형태를 따른다.

② 제1활용 동사 중 불규칙한 완료형이나 과거분사를 갖는 동사들이 있다. 주로 완료형이 -ĀVĪ- 대신에 -UĪ- 어미를 갖는 형태이다.

(☞《古典 라틴어》123-124면: 15.3.5 참조)

e.g., sonō,   sonuī,   sonitum,   sonāre   소리내다

dō,   dedī,   datum,   dare   주다

stō,   stetī,   statum,   stāre   서다, 서있다

(2) 제1활용 과거완료(LAUD-Ā-VE-RA-T)와 미래완료(LAUD-Ā-VE-RI-T)

과거 완료(plūsquamperfectum)는 과거의 어느 시점을 기준으로 어느 행위나 사건이 이미 발생하였거나 완료되었음을 표현한다. 미래 완료(futūrum exāctum)는 미래의 어느 시점을 기준으로 그 사건이나 행위가 이미 발생 또는 완료되었으리라는 표현이다.

두 시제의 어미 형태는 다음과 같다.

N.B. 언뜻 보기에는 현재완료형의 어간 LAUD-Ā-V- 에 각각 **sum** 동사의 반과거 **eram**과 미래 어미 erō를 붙인 것처럼 보인다.

	과거 완료 (plūsquamperfectum)		미래 완료 (futūrum exāctum)	
Sg. 1	laud-āveram	-āv-eram	laud-āverō	-āv-erō
2	laud-āverās	-āv-erās	laud-āveris	-āv-eris
3	laud-āverat	-āv-erat	laud-āverit	-āv-erit
Pl. 1	laud-āverāmus	-āv-erāmus	laud-āverimus	-āv-erimus
2	laud-āverātis	-āv-erātis	laud-āveritis	-āv-eritis
3	laud-āverant	-āv-erant	laud-āverint	-āv-erint

문제 1. 제1활용 동사의 완료시제 익히기

(과거분사는 -ātum으로 여일하다)

cēnō, āvī, āre 저녁 먹다   oppūgnō, āvī, āre 공격하다

cōgitō, āvī, āre 생각하다   superō, āvī, āre 이겨내다

certō, āvī, āre 겨루다   temptō, āvī, āre 시도하다

creō, āvī, āre 창조하다

errō, āvī, āre 방랑하다, 틀리다

labōrō, āvī, āre 노동하다, 일하다

mōnstrō, āvī, āre 보여주다

collis, is m. 언덕, 능선

tēctum, ī n. 지붕, 집

suprā (+acc.) 위로, 위에

īnfrā (+acc.) 밑으로, 밑에

vastō, āvī, āre 파괴하다

vīsitō, tāvī, āre 방문하다

vulnerō, āvī, āre 상처내다

narrō, āvī, āre 이야기하다

rīpa, ae f. 강변, 해변

super (+acc.) …위로

super (+abl.) …위에

(☞ 전치사의 자세한 용법은 《古典 라틴어》 208-215면 25과 참조)

문제 2. 제1활용 완료동사 시제 인칭 파악하기

Cōgitāverat nōs pater

- vocāverātis amīcōs post arborem

- cōgitāverit dē ōrātiōne tuā

- vocāveritis nōs super rīpam

- amīcōs vocāvistis sub tēctum vestrum

- steterat īnfrā montem

- super colle dedī illīs epistulam suam

- tibī dederō

- suprā tēctum labōrāvistī

- dederam vītam meam

2. 제2활용 완료 시제

제2활용 동사 완료형은 주로 -VĪ-/-UĪ- 어간을 갖는다.

N.B. 완료형 어간의 모양에 따라 이 부류의 동사는 세 가지 어미 변화를 보인다.

(☞ 《古典 라틴어》 125-127면 16.4.4 참조)

e.g., moneō,	monuī,	monitum,	ēre	경고하다
fleō,	flēvī,	flētum,	ēre	울다
videō,	vīdī,	vīsum,	ēre	보다

현재완료	MON-UĪ-	FLĒ-VĪ-	VĪD-Ī-
과거완료	MON-UE-RA-M	FLĒ-VE-RA-M	VĪD-ERA-M
미래완료	MON-UE-RI-S	FLĒ-VE-RI-S	VĪD-ERI-S

(1) 제2활용 완료 시제

위의 대표적인 moneō, monuī 동사의 세 완료 시제를 제시하면 다음과 같다.

	perfectum	plūsquamperfectum	futūrum exāctum
Sg. 1	mon-u-i	mon-u-eram	mon-u-ero
2	mon-u-isti	mon-u-eras	mon-u-eris
3	mon-u-it	mon-u-erat	mon-u-erit
Pl. 1	mon-u-imus	mon-u-eramus	mon-u-erimus
2	mon-u-istis	mon-u-eratis	mon-u-eritis
3	mon-u-erunt	mon-u-erant	mon-u-erint

N.B. ① 언뜻 보기에는 현재완료형의 어간 MON-U-에 과거완료는 **sum** 동사의 반과거 **eram**, 미래완료는 **erō**를 붙인 것처럼 보인다.

② 이 동사의 부정법 현재는 **monēre**, 부정법 과거는 **monuisse**이다.

문제 3. 제2활용 동사의 완료 시제 익히기

dēleō, dēlēvī, delētum, ēre   멸망시키다
maneō, mānsī, mānsum, ēre   머물다
noceō, nocuī, nocitum, ēre   해치다, 해롭다
pāreō, pāruī, paritum, ēre (+dat.)   순종하다
praebeō, praebuī, praebitum, ēre   내주다, 임하다
suādeō, suāsī, suāsum, ēre (+dat.)   타이르다
studeō, studuī, —, ēre (+dat)   …하기를 절원하다, 애쓰다

문제 4. 제2활용 완료동사 시제 인칭 파악하기

Mōverimus suprā montem   - suāsistī servīs tuīs

- mōverās castra ad collem　　　　- placuērunt vōbīs
- dēlēverant tōtam urbem suprā montem
- mōvistis sub templum　　　　　- placuerātis
- dēlēverint tēcta super rīpam - istī placuerint puellae
- herī iam mōveram nāvēs super mare

문제 5. 완료시제 문장 번역(동사와 다른 문장소의 수를 바꾸어 보기)
　1. Herī cum amīcīs nostrīs cēnāvimus.
　　　[예] → Herī cum amīcō meō cēnāvī.
　2. Ōlim nautae māgna itinera temptāverant.
　3. Advenīs viam cum gaudiō mōnstrāverās.
　4. Māgnā virtūte iuvenēs servāvērunt senum vītam.
　5. Sōlī puellae domina rubrās rosās dederat.
　6. Mārcus cum Cloeliā Rōmae('로마에': 장소 속격) mānsit.
　7. Puer parvus nōn timuit, sed vocāvit agnōs suprā collem.
　8. Eōdem annō Graecī Trōiam tōtam dēlēverint.
　9. Iuvenēs semper pāruerant senibus.
　10. Fīliī suāsērunt parentibus in ōtiō vīvere.

문제 6. 고전 문장
　1. Nātūra hominī ratiōnem et ōrātiōnem dedit.
　2. Animus sibī imperāvit et semper obtinuit. (Seneca)
　3. Violenta nēmō imperia continuit diū. (Mārtiālis)
　4. Philosophia nūllum habuit lūmen litterārum latīnārum. (Cicerō)
　5. Semper egō populum Rōmānum domī mīlitiaeque coluī. (Līvius)
＊domī mīlitiaeque 집에서나 전장에서나, 평화시에나 전시에나

14 VĪXĪ ET QUEM DEDERAT CURSUM FORTŪNA PERĒGĪ.

RĒXĪ, AUDĪVĪ

제3, 4활용 동사 완료시제

0. VĪXĪ ET QUEM DEDERAT CURSUM FORTŪNA PERĒGĪ.

"나 다 살았노라. 운명이 부여한 (인생)행로를 다 달렸노라."(Vergilius)

스토아 철학을 배경으로 로마인의 인생관을 보여주는 이 글귀의 두 동사 vīxī(← vīvō), perēgī(← per-agō)는 "나는 다 살았다", "나는 다 달렸다"는 완료의 의미를 강하게 드러내고 있다(quem dederat Fortūna는 21과에서 배울 관계문이다).

앞 장에 이어서 라틴어 동사 제3활용과 4활용의 완료시제를 익히기로 한다. 특히 제3활용의 완료시제 어간은 미완료 시제에 비하여 달라지는 형태가 많으므로 각별한 공부를 요한다.

1. 제3활용 완료시제

제3 활용 동사는 완료시제 어간을 구성하는 일이 가장 복잡하기 때문에 단어를 암기할 때에 현재완료형을 함께 암기하는 것이 보통이다.

N.B. 앞 과에서 설명한 완료 어간 구성의 네 가지 방법은 사실 제3활용 동사군에 해당하는 규칙이기도 하므로, 완료형 어간의 모양에 따라 네 가지 본보기를 택하

Aeneas vulneratus curatur a medico(Herculaneum)

면 다음과 같다.

① 어근의 반복 : 현재어근 앞머리에 그 어근을 반복하여 만든다.

e.g. canō, **cecinī**, cantum, canere   노래하다

cano > ca-canī = ce-cinī

② 모음의 연장: 어근의 정상모음을 장모음으로 연장한다.
　　e.g. faciō, **fēcī**, factum, facere　　　만들다, 행하다
　　　　　faciō > fēcī

③ 시그마 어간 : 어근에 -s-를 붙인다.
　　e.g. regō, **rēxī**, rēctum, regere　　　군림하다
　　　　　regō > rēg-sī = rēxī

④ -VI- 어간
　　e.g. cognōscō, **cognōvī**, cognitum, cognōscere 알다, 인식하다
　　　　　gnō-scō > gnō-vī

제3활용 완료시제들은 다음과 같은 어미 변화를 보인다.

	perf.	plūsq.perf.	fut.exāct.
Sg. 1	rēx-ī	rēx-eram	rēx-erō
2	rēx-istī	rēx-erās	rēx-eris
3	rēx-it	rēx-erat	rēx-erit
Pl. 1	rēx-imus	rēx-erāmus	rēx-erimus
2	rēx-istis	rēx-erātis	rēx-eritis
3	rēx-ērunt	rēx-erant	rēx-erint

　　부정법 현재 : **regere**　　과거 : **rēxisse**

문제 1. 완료 어간의 차이에 따른 동사 암기와 어미 활용 익히기
　　① 어근 반복 어간
　　cadō, cecidī, cāsum, -ere　　　　　넘어지다
　　currō, cucurrī, cursum, -ere　　　　달리다
　　fallō, fefellī, falsum, -ere　　　　　속이다
　　pellō, pepulī, pulsum, -ere　　　　때리다, 밀다, 쫓다

reddō, reddidī, redditum, -ere   돌려주다, 되게 하다
tangō, tetigī, tāctum, -ere   덮다
trādō, trādidī, trāditum, -ere   넘겨주다

② 모음 연장 어간
agō, ēgī, āctum, -ere   행하다, 하다
capiō, cēpī, captum, -ere   붙잡다, 사로잡다
fugiō, fūgī, —, -ere   도망가다, 달아나다, 질주하다
legō, lēgī, lēctum, -ere   읽다
vincō, vīcī, victum, -ere   정복하다, 이기다

③ 시그마 어간
dīcō, dīxī, dictum, -ere   말하다
dūcō, dūxī, ductum, -ere   인도하다, 이끌다
gerō, gessī, gestum, -ere   지니다, 갖추다,
mittō, mīsī, missum, -ere   보내다
pōnō, posuī, positum, -ere   놓다, 두다
premō, pressī, pressum, -ere   누르다, 죄다
quaerō, quaesīvī, quaesītum, -ere   찾다, 묻다
scrībō, scrīpsī, scrīptum, -ere   쓰다, 기록하다
vīvō, vīxī, victum, -ere   살다

④ -VI- 어간
arguō, arguī, argūtum, -ere   고발하다, 논고하다
caveō, cāvī, cautum, -ēre   조심하다, 주의하다
colō, coluī, cultum, -ere   받들다, 공경하다
metuō, metuī, —, -ere   두려워하다
minuō, minuī, minūtum, -ere   줄이다, 감소시키다
contrā (+acc.)   맞은 편에, 맞서서
ob (+acc.)   앞에, 때문에

문제 2. 제3활용 완료 동사 시제 인칭 파악하기

Ēgērunt
- dīxerit vērum ob timōrem mortis
- ēgeram contrā inimīcōs
- dolō fefellērunt incolās
- coluistī ob pietātem
- cēperam pecūniam ob labōrēs
- ceciderat dux
- coluistis deōs cum pietāte
- cecidistī in pūgnā
- nōs dīximus ante populum
- tetigeram vōs vestrōsque
- fūgerāmus in montēs

문제 3. 제3활용 동사 문장 번역

1. Cūr mē mīserās ad ōrātōrem?
   Caesar mīserit Titum Sextum hostibus.
   Mihī sīgna mīsistī, sed ea nōndum vīdī.
2. Nocte cecinerimus carmen Horātiī.
   Puerī pulchrum carmen cecinērunt in hortō.
   Homērus cecinerat dē bellō Trōiānō.
3. Iuvenis uxōrem dūxit dē gente Gallicā.
   Dux mīlitēs nōn dūxerit in flūmen ob undās māgnās.
   Tīmotheus classem dūxerat contrā inimīcam classem.
4. Nōn lēgī carmen ūllum Vergiliī.
   Epistulam tuam iam lēgeram sub monte.
   Iuvenēs poētārum carmina lēgērunt māgnō cum gaudiō.
5. Iam aliās scrīpsī epistulās tibi.
   Tunc poētae scrīpserint carmina dē hōc bellō.
   Imperātor scrīpserat epistulam, deinde monuit mīlitēs.

2. 제4활용 완료시제

이 부류의 동사들은 대부분 -VĪ- 어간으로 완료어간을 만든다. 현재 어간이 이미 -I-로 되어 있는 만큼 -ĪVĪ-가 제4활용 동사의 완료형 정규어간이 된다.

e.g., audiō, **audīvī**, audītum, aud**īre**   듣다

현재완료 : AUD-Ī-VI-MUS
과거완료 : AUD-Ī-VE-RĀ-MUS
미래완료 : AUD-Ī-VE-RI-MUS

	perf.	plūsq.perf.	fut.exāct.
Sg. 1	aud-īv-ī	aud-īv-eram	aud-īv-erō
2	aud-īv-istī	aud-īv-erās	aud-īv-eris
3	aud-īv-it	aud-īv-erat	aud-īv-erit
Pl. 1	aud-īv-imus	aud-īv-erāmus	aud-īv-erimus
2	aud-īv-istis	aud-īv-erātis	aud-īv-eritis
3	aud-īv-ērunt	aud-īv-erant	aud-īv-erint

부정법 현재 : **audīre**   과거 : **audīvisse**

문제 4. 제4활용 어휘 익히기와 어미 활용 연습

aperiō, aperuī, apertum, īre	(문을) 열다
custōdiō, custōdīvī, custōdītum, īre	지키다, 수호하다
fīniō, fīnīvī, fīnītum, īre	끝내다, 끝나다
sciō, scīvī, scītum, īre	알다, 이해하다
sentiō, sēnsī, sēnsum, īre	느끼다
sepeliō, sepelīvī, sepultum, īre	파묻다
veniō, vēnī, ventum, īre	오다
vinciō, vīnxī, vīnctum, īre	묶다
ex (+abl.)	…에서부터, …으로 된
ab (+abl.)	…에서부터, …에 의해서

apud (+acc.)   근처에, …에

adversus (+acc.)   향하여, 거슬러

(☞ 전치사의 자세한 용법은《古典 라틴어》208-215면 25과 참조)

문제 5. 제4활용 완료 동사 시제 인칭 파악하기

Vēneram cum tribūnō   - vēneritis in urbem
- fīnīvērunt ante oppidum   - custōdīveris fīliōs ab inimīcīs
- iam nōn sēnserimus mortem   - vīnxerit apud flūmen
- sēnsit ōrātiōnem adversus senātum - iam fīnierint super colle
- ūsque ad portam Urbis vēnerint hostēs

문제 6. 제4활용 동사 문장 번역

1. Tē audīvǐmus in cūriā.
   Multōrum animālium vōcēs in silvā audīveram.
   Iam verba miserōrum hominum audīveritis.
   Bellōrum rumōrem tōta Germānia audīvit.
   Iūdex audīverat utrumque, deinde sententiam dīxit.
2. Vēnistī paulō ante in cūriam. *paulō ante = ante paulum 조금 전에
   Et aliī iuvenēs ab urbe Tarentō vēnērunt.
   Deinde nōs tēcum ad Pompēiōrum castra vēnerāmus.
   Agricolae cum uxōribus et servīs in urbem vēnērunt.
   Lēgātī missī ad Caesarem dē pāce vēnērunt.
3. Deinde senex sententiam suam aperuit.
   Invēnistis etiam in rēgibus sapientiam?
   Mīlitēs castra iam mūnīverant.
   Māter carmen cecinit et puer dormīvit.
   Nēmō mīlitum in castrīs rumōrem hostium audīvit.

문제 7. 고전 문장

1. Fēcī, sed iūre fēcī.
2. Scīvit contemnere vītam, et nōn metuit mortem. (Diō)

3. Mēns mea convaluit subitōque audācia vēnit. (Ovidius)

4. Inopem mē cōpia fēcit. (Ovidius)

5. Vēnit senectūs cum querēlīs omnibus.

15 *FUIMUS TRŌĒS, FUIT ĪLIUM.*

FUĪ, POTUĪ

SUM 동사 완료형과 합성형, POSSUM 동사 완료형

0. FUIMUS TRŌĒS, FUIT ĪLIUM.

"우리는 일찍이 트로이아인이었고 일리움이었소."(Vergilius)

멸망한 트로이아의 잔류민이 카르타고에 난파하여 읊는 대사로, 지금은 자기들이 더 이상 트로이아인도 아니고 일리움도 더 이상 존재하지 않는다는 '완료'를 강렬하게 언표한다.

이 과에서는 **sum** 동사의 완료형을 배우고 이 동사의 합성어들을 소개한다. 아울러 **possum** 동사의 완료형도 익히기로 한다.

1. SUM 동사 완료시제

이 동사의 완료형은 미완료형과 판연하게 달라서 어근이 서로 다름이 확실하다.

e.g., sum,   **fuī**,   esse   있다, …이다.

absum,   **āfuī**,   abesse   부재하다, 결석하다

praesum,   **praefuī**,   praeesse   앞에 서다, 지휘하다

Sum 동사 완료형시제 어미 변화는 다음과 같다:

Homo se immergit mare ultra hunc mundum (Tarquinii)

	perf.	plūsq.perf.	fut.exāct.
Sg. 1	fu-ī	fu-eram	fu-erō
2	fu-istī	fu-erās	fu-eris
3	fu-it	fu-erat	fu-erit
Pl. 1	fu-imus	fu-erāmus	fu-erimus
2	fu-istis	fu-erātis	fu-eritis
3	fu-ērunt	fu-erant	fu-erint

부정법 현재 : **esse**   과거 : **fuisse**

문제 1. Sum 동사 완료 시제 문장 번역

1. Horātius, lībertī fīlius, Vergiliī amīcus fuit.
2. Nimia aqua rosīs noxia fuit.
3. Bona fīlia familiae benīgna fuerat.
4. In istīs montibus multae ferae fuerint.
5. Multa bella Rōmānōrum contrā Carthāginiēnsēs(-ium m. pl. 카르타고 사람들) fuerant longa et aspera.

2. SUM 동사 합성어

기본동사 **sum**은 (여태까지 익힌) 전치사들과 합하여 여러 합성동사를 이루고 고전 문장에 빈번하게 사용된다. 미완료 시제든 완료시제든 **sum, fuī**와 동일하게 어미 활용을 한다. 실제 문장에서는 합성된 전치사 때문에 지배하는 보어들의 격이 다양하다.

absum, āfuī, abesse	부재하다, 결석하다, 떨어져 있다.
adsum, affuī, adesse	있다, 임석하다, 돕다
dēsum, dēfuī, deesse	없다, 부족하다
īnsum, īnfuī, inesse	안에 있다, 내재하다
intersum, interfuī, interesse	참석하다, 사이에 있다, 상관된다

obsum, obfuī, obesse	방해되다, 해치다
praesum, praefuī, praeesse	감독하다, 지휘하다
prōsum, prōfuī, prodesse	유익하다, 이롭다
subsum, …, subesse	아래에 있다, 속하다
supersum, superfuī, superesse	남다, 살아남다

문제 2. Sum 동사 합성어 문구 익히기

Ab amīcō aberam - amīcō aderam - negōtiō interestis - praeeris potestātī - supererunt mihī - inerit in mente - obestis nōbīs - perīculum subest - affuī in monte - sed mihī prōfuit - numerus mīlitum Caesarī dēfuit

문제 3. Sum 합성동사 문장 번역

1. Multī nostrum ab urbe āfuerant.
2. Numquam deerō officiō meō.
3. Tibī poterō prōdesse in perīculō.
4. Id tibī obfuit sed mihī nunc prōdest.
5. Fīlius semper patrī prōdesse dēbet.

3. POSSUM 동사 완료시제

이 동사의 미완료 시제들은 **potis, pote**라는 형용사와 **sum** 동사의 합성으로 이루어져 있음을 이미 보았다(possum, poteram, poterō). 그런데 완료

	perf.	plūsq.perf.	fut.exāct.
Sg. 1	pot-u-ī	pot-u-eram	pot-u-erō
2	pot-u-istī	pot-u-erās	pot-u-eris
3	pot-u-it	pot-u-erat	pot-u-erit
Pl. 1	pot-u-imus	pot-u-erāmus	pot-u-erimus
2	pot-u-istis	pot-u-erātis	pot-u-eritis
3	pot-u-ērunt	pot-u-erant	pot-u-erint

형은 형용사[분사] **potēns**, **entis**의 어근이 되는 상고시대의 동사 *__poteo__
(*potere)라는 동사의 현재완료 **potuī**를 사용한다.

　부정법 현재 : **posse**　　　과거 : **potuisse**

문제 4. 앞의 문장들을 possum 문장으로 바꾸기
　1. Multī nostrum ab urbe āfuerant.
　2. Numquam deerō officiō meō.
　3. Tibī poterō prōdesse in perīculō.
　4. Id tibī obfuit, sed mihī nunc prōdest.
　5. Fīlius semper patrī prōdesse dēbet.

문제 5. 동사 possum 완료시제 문장 번역
　1. Nautae dē nāvibus nihil vidēre potuērunt.
　2. Nēmō nostrum nōn peccāre potuerat.
　3. Multī dēsīderant habēre vērōs amīcōs, sed nōn potuerint.
　4. Amor līberōrum potuerat parentēs adiuvāre.
　5. Multa ōlim nōn potuimus, sed nunc ea possumus.

문제 6. 고전 문장
　1. Socius perīculī vōbīscum aderō. (Sallustius)
　2. Aliīs cōnsilium, aliīs animus, aliīs occāsiō dēfuit. (Cicerō)
　3. Amīcitia semper prōdest, amor etiam nocet. (Pūblius Syrus)
　4. Saepe solent aurō multa subesse mala. (Tibullus)
　5. FUĪ NŌN SUM / ESTIS NŌN ERITIS / NĒMŌ IMMORTĀLIS.
　　　　　＊immortālis, e 불사불멸하는 (☞ 이 책 형용사 제2형, 17과 참조)

[부록] 동사 완료시제 어미 변화
☆ 능동태 직설법 완료 시제들을 다 익혔으니 이를 표로 제시한다.

		PERFECTUM	PLŪSQ.PERFECTUM	FUTŪRUM EXĀCT.
		현 재 완 료	과 거 완 료	미 래 완 료
Sg. 1		fu-ī sum	fu-eram	fu-erō
2		fu-istī	fu-erās	fu-eris
3		fu-it	fu-erat	fu-erit
Pl. 1		fu-imus	fu-erāmus	fu-erimus
2		fu-istis	fu-erātis	fu-eritis
3		fu-ērunt	fu-erant	fu-erint
Sg. 1		pot-u-ī possum	pot-u-eram	pot-u-erō
2		pot-u-istī	pot-u-erās	pot-u-eris
3		pot-u-it	pot-u-erat	pot-u-erit
Pl. 1		pot-u-imus	pot-u-erāmus	pot-u-erimus
2		pot-u-istis	pot-u-erātis	pot-u-eritis
3		pot-u-ērunt	pot-u-erant	pot-u-erint
Sg. 1		laud-āv-ī laudō	laud-āv-eram	laud-āv-erō
2		laud-āv-istī	laud-āv-erās	laud-āv-eris
3		laud-āv-it	laud-āv-erat	laud-āv-erit
Pl. 1		laud-āv-imus	laud-āv-erāmus	laud-āv-erimus
2		laud-āv-istis	laud-āv-erātis	laud-āv-eritis
3		laud-āv-ērunt	laud-āv-erant	laud-āv-erint
Sg. 1		mon-u-ī moneō	mon-u-eram	mon-u-erō
2		mon-u-istī	mon-u-erās	mon-u-eris
3		mon-u-it	mon-u-erat	mon-u-erit
Pl. 1		mon-u-imus	mon-u-erāmus	mon-u-erimus
2		mon-u-istis	mon-u-erātis	mon-u-eritis
3		mon-u-ērunt	mon-u-erant	mon-u-erint
Sg. 1		rēx-ī regō	rēx-eram	rēx-erō
2		rēx-istī	rēx-erās	rēx-eris
3		rēx-it	rēx-erat	rēx-erit
Pl. 1		rēx-imus	rēx-erāmus	rēx-erimus
2		rēx-istis	rēx-erātis	rēx-eritis
3		rēx-ērunt	rēx-erant	rēx-erint
Sg. 1		aud-īv-ī audiō	aud-īv-eram	aud-īv-erō
2		aud-īv-istī	aud-īv-erās	aud-īv-eris
3		aud-īv-it	aud-īv-erat	aud-īv-erit
Pl. 1		aud-īv-imus	aud-īv-erāmus	aud-īv-erimus
2		aud-īv-istis	aud-īv-erātis	aud-īv-eritis
3		aud-īv-ērunt	aud-īv-erant	aud-īv-erint

16 QUIS ENIM SĒCŪRUS AMĀVIT?

QUIS, QUID

의문대명사

0. QUIS ENIM SĒCŪRUS AMĀVIT?

"그 누가 마음 놓고 사랑할 수 있었던가?"(Ovidius)

"여자는 항상 변덕스러운 것"(**Varium et mūtābile semper fēmina**; Vergīlius)이라는 남성 본위 로마인 사고를 드러내는 이 글귀에서 대표적인 의문대명사를 접하게 된다. 의문문을 다양하게 만드는데는 의문대명사(quis?), 의문형용사(quī?)와 의문부사(quot?) 등이 다채롭게 구사된다. 이 과에서는 이 품사를 구사하는 의문문을 익힌다.

1. QUIS? QUID? : 의문대명사

라틴어 의문대명사는 의문문을 유도하는 대명사이다. 단수 남성과 여성의 형태가 똑같다. 원래의 격변화에는 여성 고유의 형태는 없으며 단수와 복수를 막론하고 남녀 공용이다.

QUIS...? m. f.   QUID...? n.
누가...?   무엇이...?

Puer extrahit spinam de pede suo

① 그 어미 변화는 다음과 같다.

	sg.		pl.	
	m. f.	n.	m. f.	n.
1 Nōm.	quis?	quid?	quī?	quae?
2 Gen.	cuius?	cuius?	quōrum?	quōrum?
3 Dat.	cui?	cui?	quibus?	quibus?
4 Acc.	quem?	quid?	quōs?	quae?
5 Abl.	quō?	quō?	quibus?	quibus?

② 의문대명사는 명사로서만 사용되며 사람이나 사물의 정체를 묻는다.

Quis est Alexander?	알렉산더는 누구인가?
Quis hoc dīxit?	누가 이 말을 했는가?
Quem vīdistis, pāstōrēs?	목동들아, 누구를 보았느냐?
Cui dēsīderās nūntiāre hoc factum?	이 사실을 누구한테 알리기 바라는가?
Cuius haec nāvis est?	이 배는 누구의 것인가?
Quōcum ambulāvistī in hortō pūblicō?	너 공원에서 누구와 함께 산보를 했지?

2. QUĪ? QUAE? QUOD? : 의문형용사

사람과 사물의 성질을 묻는 형용사이며 따라서 수식하는 명사와 성수격을 일치시킨다.

QUĪ…? m.　　QUAE…? f.　　QUOD…? n.　　어느…?

의문대명사와 형태가 같지만 남성, 중성 외에도 여성 형태가 엄존하며 그 어미 변화는 다음과 같다.

f. sg.,　**quae**,　　**cuius**,　　　**cui**,　　　**quam**,　　**quā**

　pl.　**quae**,　　**quārum**,　　**quibus**,　　**quās**,　　**quibus**

용법은 어디까지나 형용사이다.

Quae animālia tunc in terrā et in marī vīvēbant?
  그 당시 땅과 바다에는 무슨 동물들이 살고 있었던가?
Quōrum mīlitum haec arma erunt?
  이 무기들이 어느 병사들의 것이 되겠는가?
Cuius iūdicis causam audīvistī?
  어느 판관의 사건을 네가 들었단 말인가?
In quō agrō spectāvit vaccās servus noster?
  우리 노예가 암소들을 어느 들에서 보았나?
Quam fēminam in mātrimōnium dūcere optās?
  당신은 어떤 여자를 혼인으로 맞아들이고 싶은가?
Cūr nōn aperuistis portās dominō?
  왜 너희는 주인한테 문을 열어드리지 않았느냐?

문제 1. 의문대명사와 형용사 문구 번역

  Quis est ōrātor?   - quī ōrātor?
  - quem quaeritis?   - quam nāvem vidēs?
  - sub quem montem?   - prō quibus?
  - dē quibus cīvibus?   - contrā quōs?
  - ab quibus rēgibus?   - ante quās fīliās?
  - sine quā nāve?   - quōs regitis?
  - in quod templum venīs? - quis quem amāvit?
  - quī cōnsul eō annō fuit?

문제 2. 의문대명사와 형용사 문장 번역

  1. Quid flēs? Quid optās? Quae fuit māter?
  2. Cuius nōmen dīxistī? Cuius ea culpa fuit?
     Cuius servus es tū? Pompēiī an meus?
  3. Cui hunc novum librum dabō?
     Quibus nūntiāvit lēgātus illa verba?

4. Quem vīdistī? Quōs librōs lēgistī?

5. Quibuscum fūgērunt hostēs in montem?

6. Quis es, hospes? Quae tua est patria?
   Quibuscum comitibus in Siciliam vēnistī? Quā nāve? Quō diē?

N.B. ① 그밖에도 앞의 의문대명사에 전접사나 후접사를 붙인 강조 의문대명사나 미한정대명사(prōnōmina indēfinīta: e.g., quisque, quīvīs, aliquis)들이 있다.

(☞《古典 라틴어》143-148면 17.4-7 참조)

② 다음과 같은 의문형용사도 많이 쓰인다.

- QUOT? (불변사) 몇이? (숫자를 묻는다)

e.g., Quot sunt puerī in hortō?   Sunt octō.
      정원에 있는 아이들이 몇인가?   여덟 명이다.

- QUOTUS, a, um? 몇 번째? (순서수를 묻는다)

e.g., Quota hōra est? Sexta est.   몇 시냐? 여섯시다.

- QUANTUS, a, um? 얼마나 큰? (분량을 묻는다)

e.g., Quantam sellam portāvistī?   Tantam.
      얼마나 큰 걸상을 옮겼느냐?   이만큼 큰 것을!

- QUĀLIS, e? 어떠한? (성질이나 품질을 묻는다)

e.g., Quālēs dēbent esse iūdicēs?   법관이란 어떤 인간이라야 하는가?
      Dēbent esse aequī atque iūstī. 공평하고 정의로워야 한다.

2. 의문부사

다음과 같은 의문부사는 라틴어 문장에서 자주 쓰인다.

- UBĪ? 어디에?

e.g., Ubī eōs vīdistīs prīmum?   어디서 그들을 처음 봤소?

- UNDE? 어디에서 (출발점)

e.g., Unde vēnerant istī?   그자들이 어디에서 왔었소?

- QUŌ? 어디로? (행선지)

e.g., Quō mittēbant impedīmenta sua?   어디로 진지를 구축하던가요?

- QUĀ? 어디를 거쳐서? (통과지점)

e.g., Quā vēnerant istī?   그들이 어디로 해서 왔었소?

　　Ponte fluviī an viā agrōrum?   강의 다리로, 아니면 들길로?

- QUANDŌ? 언제?

e.g., Quandō vīdistis eōs in monte?

　　　　당신들이 그들이 산에 있는 것을 본 것은 언제였소?

- QUAMDIŪ? 얼마동안?

e.g., Quamdiū manēbant apud fossam oppidī nostrī?

　　　　그자들이 우리 도성의 해자 앞에 얼마 동안 머물렀소?

- QUOTIĒNS? 몇 번이냐?

e.g., Quotiēns istī aquam et cibum portāvērunt?

　　　　그자들이 물고 음식을 몇 번이나 날아갔나요?

- QUŌMODO? quemadmodum? 어떻게?

e.g., Quōmodo relīquērunt oppida nostra?

　　　　그들이 우리 도성을 어떻게 버려 두고 갔소?

- QUAM? 얼마나?

e.g., Quam multōs vīdistī hostēs?

　　　　당신이 본 적병들은 얼마나 많았소?

- CŪR? 왜?

e.g., Cūr nōn adnūntiāvistis anteā nōbīs?

당신들은 왜 우리한테 먼저 알리지 않았소?

문제 3. 고전 문장

1. Quis tyrannus miserōs lugēre vetuit? (Cicerō)
2. Quid timēs? Caesarem vehis et fortūnam. (Plutarchus)
3. Cui bonō? Cui malō?
4. Cuius vulturis hoc erit cadāver? (Mārtiālis)
5. Quis potest sine offulā vīvere? (Suētōnius)

17 *VĒRITĀTIS SIMPLEX EST ŌRĀTIŌ.*

CELEBER, CELEBRIS, CELEBRE

형용사 제2형

0. VĒRITĀTIS SIMPLEX EST ŌRĀTIŌ.

"진리의 언사는 단순하다."(Seneca)

이 문장에서 새로 발견되는 형용사 **simplex**는 3변화 명사를 연상시키지만 형용사로서는 본서에 처음 나타나는 것이다. 라틴어 형용사의 어미 변화는 크게 두 부류 즉, 명사 제1, 2변화와 동일한 제1형(제8과 51-55면 참조)과 명사 제3변화에 해당하는 제2형(secunda classis)이 있다. 이제 그 두번째 형용사 어미 변화를 익힐 차례다.

어미 형태에 따라서 본다면 제2형 형용사는 다음의 예처럼 3가지로 나누어진다. 첫째는 남, 여, 중성의 단수 주격이 각기 다르고, 둘째는 남녀성 단수 주격이 동일하여 두 가지 어미만 유의하면 된다. 셋째는 남, 여, 중성의 주격 어미가 동일하여 한 가지 형태만 유의하면 된다.

e.g.,	m.	f.	n.	
	celeber	**celebris**	**celebre**	유명한(제1식)
	fortis	**fortis**	**forte**	강한(제2식)
	fēlīx	**fēlīx**	**fēlīx**	행복한(제3식)

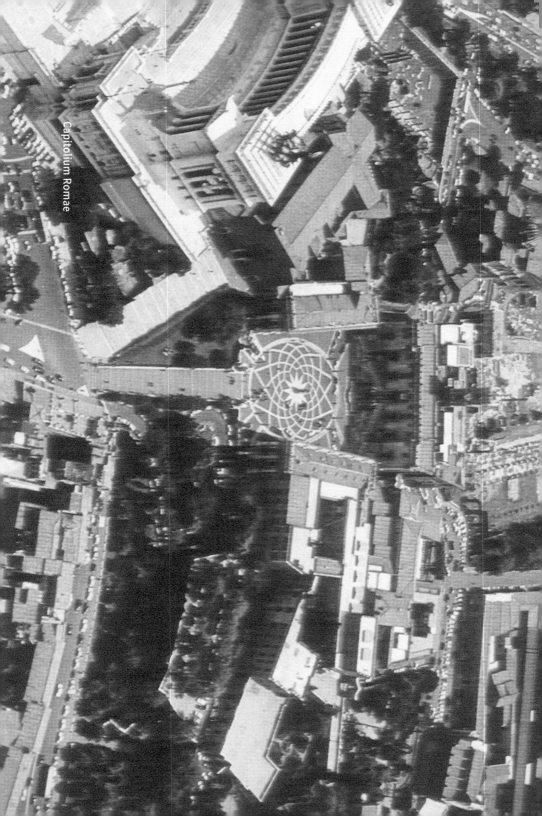
Capitolium Romae

1. CELEBER, CELEBRIS, CELEBRE : 형용사 제2형 제1식

남, 여, 중성의 단수 주격이 각기 다른 경우이며 다음과 같은 어미 변화를 한다.

e.g., celeb**er**,　celeb**ris**,　celeb**re**　유명한

	sg.			pl.		
	m.	f.	n.	m.	f.	n.
1 Nōm.	celeber	celebr-is	celebr-e	celebr-ēs	celebr-ēs	celebr-ia
2 Gen.	celebr-is	celebr-is	celebr-is	celebr-ium	celebr-ium	celebr-ium
3 Dat.	celebr-ī	celebr-ī	celebr-ī	celebr-ibus	celebr-ibus	celebr-ibus
4 Acc.	celebr-em	celebr-em	celebr-e	celebr-ēs	celebr-ēs	celebr-ia
5 Abl.	celebr-ī	celebr-ī	celebr-ī	celebr-ibus	celebr-ibus	celebr-ibus

제2형 형용사는 -I- 모음어간을 갖는다. 명사 제3변화와 동일하지만 약간의 불규칙이 있음은 명사변화에서도 이미 본 바 있다. 위의 변화표에서 보듯이 제2형 형용사의 단수 탈격은 -I로 끝난다.

복수 소유격은 -IUM으로 끝난다.

중성 복수 주격과 대격은 -IA로 끝난다.

문제 1. 제2형 형용사 제1식 어미 변화 익히기(괄호 안의 명사와 더불어 변화연습)

celeber, celebris, celebre 유명한	[ōrātor/ poēta]
salūber, salūbris, salūbre 건강에 좋은	[cibus/ lac]
celer, celeris, celere 빠른, 신속한	[lupus/ ovis]
alacer, alacris, alacre 민첩한, 활발한	[nauta/ leō]
volucer, volucris, volucre 날으는, 날개가 달린	[equus/ piscis]
silvester, silvestris, silvestre 숲의, 야생의	[vesper/ altāre]
terrester, terrestris, terrestre 지상의, 육지의	[patria/ cīvitās]

문제 2. 제2형 제1식 형용사 어구 익히기

vīribus alacribus

- per itinera silvestria
- ob virōs celerēs
- contrā dolōrem salūbrem
- virōrum alacrium
- avium celerium
- ā mīlite celerī
- cum puellā alacrī

- viae terrestris
- prō cibō salūbrī
- viīs terrestribus
- sine cibīs salūbribus
- in viā terrestrī
- ante dōna salūbria
- post bellum terrestre

2. FORTIS, FORTE : 제2형 제2식 형용사

남, 여성 단수주격의 어미가 같고 중성의 주격이 다르다.

e.g., fort**is** (m. f.),   fort**e** (n.)   강한

	sg.		pl.	
	mf.	n.	mf.	n.
1 Nōm.	fortis	forte	fortēs	fortia
2 Gen.	fortis	fortis	fortium	fortium
3 Dat.	fortī	fortī	fortibus	fortibus
4 Acc.	fortem	forte	fortēs	fortia
5 Abl.	fortī	fortī	fortibus	fortibus

문제 3. 제2형 형용사 제2식 어미 변화 익히기(괄호 안의 명사와 더불어 변
      화 연습)

brevis, e 짧은   [vīta/ ōrātiō]
cīvīlis, e 시민의, 국가의   [bellum/ tribūnal]
commūnis, e 공통된, 공동의   [via/ lēx]
dulcis, e 단, 감미로운   [aqua/ mel]
fortis, e 용감한   [vīta/ dux]
fragilis, e 연약한, 부서지기 쉬운   [amīcitia/ lībertās]

gravis, e 무거운, 중한　　　　　[damnum/ vectīgal]
mortālis, e 죽을, 사멸할　　　　[sīgnum/ homō]
immortālis, e 불멸하는　　　　　[animus/ vēritās]
levis, e 가벼운　　　　　　　　[poena/ dolor]
omnis, e 모든　　　　　　　　　[populus/ genus]
similis, e 비슷한　　　　　　　[fīlius/ iūs]
suāvis, e 달콤한, 부드러운　　　[amīca/ mare]
turpis, e 더러운, 추루한　　　　[vitium/ mors]
ūtilis, e 유익한　　　　　　　　[medicus/ tempus]

문제 4. 제2형 제2식 형용사 어구 익히기

Ob amīcitiam dulcem　　　　　- dē suāvī flōre
- fortibus animīs　　　　　　　- omnium virtūtum glōria
- gravia onera mortālium　　　　- per omnēs terrās
- contrā vectīgālia gravia rēgum　- ex dulcī vōce mātris
- ad immortālēs honōrēs　　　　- cum servīs omnibus
- fortium virōrum bellum　　　　- sub fortūnā fragilī

3. FĒLĪX : 제2형 제3식 형용사

남, 여, 중성의 단수 주격의 어미가 한 가지 형태를 갖는다.
e.g., fēlīx　(m. f. n.), fēlīcis　행복한

	sg.	pl.
	m. f. n.	m. f. n.
1 Nōm.	fortia	fēlīcēs / fēlīcia
2 Gen.	fortium	fēlīcium
3 Dat.	fortibus	fēlīcibus
4 Acc.	fortia	fēlīcēs / fēlīcia
5 Abl.	fortibus	fēlīcibus

문제 5. 제2형 제3식 형용사 어미 변화 익히기

atrōx, -ōcis 가혹한, 격심한
audāx, -ācis 과감한, 대담한
clēmēns, -entis 관대한, 어진
concors, -cordis 화목하는, 합심하는
constāns, -antis 꾸준한
dīligēns, -entis 부지런한
fallāx, -ācis 속이는
ingēns, -entis 거대한

mendāx, -ācis 거짓말하는
pār, paris 같은, 동등한
potēns, -entis 능한, 세력 있는
prūdēns, -entis 현명한
sapiēns, -entis 지혜로운
vehemēns, -entis 격렬한
vēlōx, -ōcis 빠른

문제 6. 명사와 더불어 형용사 어미 변화

Templum ingēns altumque
labor cōnstāns hūmānus
parentēs prūdentēs
homō mendāx et stultus
corpus rubrum et potēns

puella fēlīx
lupus fallāx
flūmen vēlōx et largum
ōrātor audāx et asper
cīvis et concors et celeber

문제 7. 제2형 문장 번역(형용사들의 수를 바꾸어 문장 꾸미기)

1. Dux ācrī vōce mīlitēs vituperāvit.
2. Prūdēns vītae ratiō hominem semper alacrem servābit.
3. Antīqua Iovis ōrācula celebria fuerant.
4. Urbēs plēnae fuerant celebrium templōrum.
5. Amīcitiae nōmen suāve est.
6. Hominibus mortāle corpus, animum immortālem Deus dederat.
7. Iuvenēs prō dulcī lībertāte fortī animō pūgnāverant.
8. Omnium hominum commūnis orīgō nātūra est.
9. Fallāx vir mendācibus verbīs puellās stultās dēcēpit.
10. Omnia iūra, omnia officia omnibus cīvibus paria sunt.

문제 8. 고전 문장

1. Sapientis est omnia in breve cōgere.
2. Omnium malōrum stultitia est māter. (Cicerō)
3. Vērum semper dīcere nōn erit facile.
4. Beneficiōrum memoria dēbilis est, iniūriārum tenāx. (Seneca)
5. Ars longa, vīta brevis est.

☆ 형용사 어미 변화의 두 형태를 다 익혔으니 다음 과부터는 뒷날개의 변화표를 이용한다.

18 *SUMMUM IŪS SUMMA INIŪRIA*

FORTIOR, FORTISSIMUS

형용사와 부사의 비교급과 최상급

0. SUMMUM IŪS SUMMA INIŪRIA

"최고의 정의는 최고의 불의"(Cicerō)

로마인의 실천적 법정신을 매우 잘 드러내는 이 금언에는 최상급 형용사 **summum, summa**가 **iūs, iūris** n. '정의, 법, 권리'와 **iniūria**, ae f. '불의'를 수식하고 있다.

형용사에는 원급, 비교급, 최상급의 세 가지 급이 있다. 형용사의 원급(gradus positīvus)은 어떤 사물의 성질을 단순히 형용할 따름이며 그 사물과 다른 사물을 비교하는 일이 없다. 그런데 두 사물을 비교하여 그 성질의 등급이 다름을 형용하는 경우에는 비교급(gradus comparātīvus)이라고 한다. 또 여럿을 비교하여 어느 한 사물에 가장 뛰어난 성질이 있음을 형용하는 경우에는 최상급(gradus superlātīvus)이라고 한다.

> e.g., Fīlia tribūnī erat **suāvis**.
> 호민관의 딸은 매력 있었다.
> Fīlia tribūnī erat **suāvior** quam sua soror.
> 호민관의 딸은 자기 언니보다 더 매력 있었다.
> Fīlia tribūnī fuit **suāvissima** inter virginēs Urbis.
> 호민관의 딸은 로마 처녀들 가운데 가장 매력 있었다.

Milites Samnites

형용사의 제1형과 제2형을 익혔으니 형용사의 비교급과 최상급을 익히기로 한다. 부사도 간략하게 언급하기로 한다.

1. 형용사 비교급

① 형용사의 비교급과 최상급은 그 형용사 원급의 어간에 일정한 접사 (suffixum)를 붙여서 만든다.

비교급 = [어간] + m. f. -IOR, n. -IUS

e.g., 제1형 : longus, longa, longum 긴 > m. f. long-**ior** n. long-**ius** 더 긴
　　　제2형 : fortis, e 강한 > m. f. fort-**ior** n. fort-**ius** 더 강한

② 어미 변화　형용사 제1형, 제2형에 상관없이 그 비교급은 형용사 제
　2형 변화(명사 제3변화)를 한다. 다만 단수 탈격이 (-i 아닌) -E, 복수 속
　격이 (-ium 아닌) -UM, 중성 복수 주격과 대격이 (-ia 아닌) -A라는 점
　만 유의할 것이다. 이에 준하여 어미 변화표를 만들면 다음과 같다:
e.g., fortis, -e　강한　　　　비교급 **fortior, fortius** 더 강한

	sg.			pl.		
	m.	f.	n.	m.	f.	n.
1 Nōm.	fort-ior	fortior	fortius	fort-iōrēs	fortiōrēs	ortiōra
2 Gen.	fort-iōris	fortiōris	fortiōris	fort-iōrum	fortiōrum	fortiōrum
3 Dat.	fort-iōrī	fortiōrī	fortiōrī	fort-iōribus	fortiōribus	fortiōribus
4 Acc.	fort-iōrem	fortiōrem	fortius	fort-iōrēs	fortiōrēs	fortiōra
5 Abl.	fort-iōre	fortiōre	fortiōre	fort-iōribus	fortiōribus	fortiōribus

③ 형용사를 비교하는 방법
　"금이 은보다 귀하다" 라는 문장에서 '…보다' 라는 문구를 나타내는
　라틴어 표현법은 두 가지이다. 하나는 비교 접속사 **quam**을 사용하
　여 두 단어를 같은 격으로 놓는 것이다. 그리고 다른 하나는 **quam**
　없이 비교의 탈격(ablātīvus comparātiōnis)만 사용하는 것이다.
e.g., Pīlum est longius **quam gladius**.
　　　Pīlum est longius gladiō.　　　　창은 칼 보다 길다.

N.B. ① 둘을 비교하면서 하나가 다른 하나보다 못함을 나타내는 열등비교문에서는
　　　minus(덜)라는 부사와 형용사 원급을 쓴다.
　　e.g., Ursus est **minus fortis** quam leō.
　　　　　　　곰은 사자보다 힘이 덜 세다.
　　　Ferrum est **minus pulchrum** quam ūtile.
　　　　　　　쇠는 유익한데 비해서 아름다움은 덜하다.

② 비교하는 상대가 없는 비교급은 '상당히 …하다', '보다 …하다'라는 문장으로 번역함이 무난하다.
e.g., Canis iste ācrior est.
　　　　저놈의 개는 어지간히도 사납다.
　　　Pūgnāmus prō cīvitāte iūstiōre.
　　　　우리는 보다 정의로운 국가를 (세우기) 위하여 싸우는 중이다.

문제 1. 형용사 비교급 문구 파악
Ferōciōrēs contrā inimīcōs ‐ audāciōrī inimīcō ‐ pulchriōrem sorōre ‐ simplicius in mēnsūrā ‐ ācriōrī tēlō ‐ ā sapientiōribus doctī ‐ suāviōrēs vōce fōrmāque ‐ vēlōciōrum quam fortiōrum ‐ ante largius flūmen ‐ ex virīs ingentiōribus ‐ mare altius nostrō ‐ altiōrem super collēs ‐ nēmō audācior quam iste ‐ minus longa quam gladius ‐ aqua semper altior

2. 형용사 최상급

① 형태: [어간] + -ISSIMUS, -A, -UM
　　최상급의 어미 변화는 형용사 제1형, 즉 명사 1, 2변화 어미를 따른다.
e.g., longus, -a, -um 긴 > long-**issimus**, **-a**, **-um**　　가장 긴
　　　fortis, ‐ e 강한 > fort-**issimus**, **-a**, **-um**　　가장 강한
② '… 가운데 가장 …하다'라는 소위 상대적 최상급(superlātīvus relātīvus)은 라틴어에서 세 가지 방식으로 표현되어 있다.
Iūstitia est nōbilissima inter omnēs virtūtēs.
정의는 모든 덕목 가운데 가장 고귀하다. (전치사 inter와 복수 대격)
Pōpulus est altissima ex arboribus.
포플러는 나무들 가운데 가장 키가 크다. (전치사 ex, de와 복수 탈격)
Cicerō fuit ēloquentissimus omnium ōrātōrum Rōmānōrum.
키케로는 로마 웅변가들 가운데 가장 연변이 훌륭하였다. (복수 속격)

N.B. 비교하는 대상이 없이 단독으로 나오는 최상급은 절대적 최상급(superlātīvus

absolūtus)이라고 하며 '지극히 …하다' 또는 '대단히 …하다' 라는 문장으로 번역함이 좋다.

e.g., Homō fortissimus est.   인간이란 지극히 강한 것이다.

③ 최하급을 나타내야 하는 경우에는 부사 **minimē**와 함께 형용사 원급을 사용한다.

e.g., Minimē amīcus sum, fortūnae particeps nisī tuae.
　　너의 운명에 동참하지 않는다면, 나는 결코 우호적이라 못할 것이다.

④ 비교급이나 최상급이 없는 형용사는 부사 **māximē**와 함께 원급을 사용한다.

e.g., Sēlēgit māximē idōneum locum prō castrīs.
　　그는 진지를 설치하기에 가장 적당한 장소를 골랐다.

문제 2. 형용사 최상급 변화 연습

　Sapiēns agricola - vēlōcēs equī - docta magistra - altae pōpulī
- suāve carmen - atrōcēs hostēs - audāx iuvenis - mītis agnus

3. 불규칙한 형태의 비교급과 최상급을 갖는 형용사

　(1) 원래 어근이 다르거나 접사가 달라서 비교급과 최상급이 원급과는 사뭇 다른 형용사들이 있는데 많이 사용되는 어휘들이므로 암기해야 한다.

원 급	비교급	최상급
bonus, a, um 좋은, 선한	melior, ius	optimus, a, um
malus, a, um 나쁜, 악한	peior, ius	pessimus, a, um
multus, a, um 많은	plūs	plūrimus, a, um
māgnus, a, um 큰	maior, ius	māximus, a, um
parvus, a, um 작은	minor, minus	minimus, a, um
īnferus, a, um 밑에 있는	īnferior, ius	īnfimus, a, um (imus)
superus, a, um 위에 있는	superior, ius	suprēmus, a, um (summus)

N.B. ① **Plūs**의 단수는 중성뿐이고 (남성과 여성 단수형은 없다) 명사로만 쓰인다.
단수에서는 **plūs**가 명사로 사용되므로 수식하는 명사는 속격으로 나온다.
e.g, plūs cibī   더 많은 음식   plūs pecūniae   더 많은 돈

② 남성 단수 주격이 -ER로 끝나는 모든 형용사는 라틴어 자음접변의 규칙(-rs-
→ -rr-)에 따라 최상급이 -ERRIMUS, a, um으로 된다.
e.g., miser, era, erum,   최상급 miser-si-mos
              > miserrimus, a, um

      celeber, bra, brum   최상급 celeber-si-mos
              > celeberrimus, a, um

③ 그와 비슷하게 남성 단수 주격이 -ILIS로 끝나는 제2형 형용사들 가운데
여섯(facilis, -e 쉬운; difficilis, e 어려운; similis, e 비슷한; dissimilis,
e 닮지 않은; humilis, e 비천한, 겸손한; gracilis, e 연약한)은 최상급이
-LIMUS, a, um으로 나온다.
e.g., facilis, e 비교급 **facilior, ius**
            최상급 **facil-si-mos > facillimus, a, um**

(2) 불비(不備) 형용사 : 어떤 형용사는 어근이 전치사나 부사 혹은 특수
한 형용사여서 원급이나 비교급 또는 최상급이 없다. 전치사에서 유래한 다
음 형용사들은 매우 많이 쓰이면서도 비교급과 최상급만 있으며, 비교급이
원급의 의미를 담고 있다.

		비 교 급		최 상 급
ante	앞에	**anterior**, ius	앞의	—
post	뒤에	**posterior**, ius	뒤의	**postrēmus**, a, um 최후의
suprā	위에	**superior**, ius	위의	**suprēmus**, a, um 최고의, 최후의
īnfrā	밑에	**īnferior**, ius	아래의	**īnfimus**, a, um [imus, a, um] 최하의
intrā	안에	**interior**, ius	안의	**intimus**, a, um 내밀한
extrā	밖에	**exterior**, ius	밖의	**extrēmus**, a, um 극도의, 최후의
citrā	이편에	**citerior**, ius	이쪽의	**citimus**, a, um 가장 가까운
ultrā	저편에	**ulterior**, ius	저쪽의	**ultimus**, a, um 최후의, 마지막

prae	앞에	**prior**, ius	앞의, 더 먼저	**prīmus**, a, um 첫째, 제일
prope	가까이	**propior**, ius	더 가까운	**proximus**, a, um 가장 가까운, 이웃
dē	아래로	**dēterior**, ius	더 못한	**dēterrimus**, a, um 가장 못한
potis	능한	**potior**, ius	더 나은	**potissimus**, a, um 가장 나은

문제 3. 불규칙 형용사 비교급과 최상급 문구 파악

Optimō cōnsulī - plūrimās arborēs - maiōrem frātrem - māximārum - contrā pessimōs cīvēs - cum extrēmīs vīribus - ob mortem optimōrum - superiōrum praeceptum - postrēmō vītae mōmentō - ex priōre urbe - in extrēmā fortūnā - prīmus cīvitātis - prō summīs virtūtibus - intrā Galliam citeriōrem - in regiōnem proximam - per opus maius - corruptiō optimī pessima

문제 4. 형용사 비교급과 최상급 문장 번역(예문처럼 문장 바꾸기)

1. Leō [tēlum] fortior est quam taurus.
   [예] → Leōnēs fortiōrēs sunt quam taurī.
        → Tēla fortiōra sunt quam taurī.
2. Equus [aquila] vēlōcior est quam asinus.
3. Nihil [amor] est melle dulcius.
4. Ars est dux [lūmen] certior quam nātūra.
5. Epamīnōndās [vulgus] cupidior fuit glōriae quam pecūniae.
6. Puer [fīlia] patrī simillimus erat.
7. Varrō [Augusta] ex Rōmānīs scrīptōribus ērudītissimus fuit.
8. Inter omnēs servōs [fīlia] tū mihī dīlēctissimus es.
9. Pessimum hominum genus [clādēs] sunt adulātōrēs.
10. Omnium Athēniēnsium līberālissimus fuit Cimōn [dea Athēna].
11. Tempus, optimus magister [dīvitiae], multōs hominēs docet.

4. 부사

부사(副詞)는 불변화사 중의 하나로서, 특히 동사의 의미를 한정하는(ad-verbium) 품사이다. 행위가 일어난 상황(시간, 장소, 양상, 환경)을 묘사한다. 부사는 형용사나 동사의 분사에서 많이 유래하지만 일단 정해진 형태는 불변한다.

(☞ 부사의 형태와 용법에 관한 자세한 공부는 《古典 라틴어》 263-269면, 30과 부사, 비교급과 최상급 참조)

(1) 부사는 원래부터 부사로 사용되는 어휘와 형용사에서 유래한 부사가 있다.

① 원래의 부사 라틴어에서 원래 부사로 사용하는 어휘들(adverbia prīmitīva)을 가리킨다.

e.g. 시간 :

iam 벌써	diū 오래	mox 곧
crās 내일	ante 전에	ōlim 그전에
nunc 지금	tunc 그때	tum 그때
quandō? 언제	quamdiū? 얼마동안?	

모양 :

ita 이렇게	tam 그렇게	sīc 이렇게
uti 그렇게	saltem 적어도	sat[satis] 제대로
ferē 대개	nimis 너무	vix 겨우
cūr? 왜	quam? 얼마나?	

장소 :

ubī? 어디?	ibī 거기	unde 어디서?
inde 거기서	foris 밖에	prope 가까이

② 형용사에서 파생된 부사 형용사와 대명사에 일정한 어미를 붙여 부사를 파생시킨다(adverbia dērīvāta).

- 형용사 제1형(-US, -A, -UM)은 어간에 어미 -E를 붙여서 부사를 만든다.

e.g., lātus, a, um 넓은   ⇒ lāt-ē 넓게

pulcher, chra, chrum 고운   ⇒ pulchr-ē 곱게

bene 잘   male 잘못   sponte 저절로

- 형용사 제2형은 그 어간에 -ITER 어미를 부가시켜 만든다.

e.g., celeber, celebris, celebre 유명한 ⇒ celebr-**iter** 빠르게

　　　ācer, ācris, ācre 날카로운, 신랄한 ⇒ ācr-**iter** 날카롭게

　　　fēlīx, fēlīcis 행복한 ⇒ fēlīc-**iter** 행복하게

(2) 부사의 비교급과 최상급

① 부사 중에 성질 형용사(adiectīva quālitātīva)에서 유래한 부사의 비교급은 그것이 파생된 형용사의 비교급 중성 단수 주격과 같다.

e.g., lātior, lātius 더 넓은 　⇒ **lātius** 더 넓게

　　　cārior, cārius 보다 소중한⇒ **cārius** 보다 소중하게

② 부사의 최상급은 형용사의 최상급 어미를 -E로 바꾸어 만든다.

e.g., lātissimus, a, um 가장 넓은 ⇒ lātissim**ē** 가장 넓게

　　　pulcherrimus, a, um 가장 아름다운 ⇒ pulcherrim**ē** 지극히 아름답게

문제 5. 형용사 비교급과 최상급 고전 문장

1. Stultōs stultiōrum laus dēlectat.
2. Nūlla servitūs turpior quam voluntāria. (Seneca)
3. Peiōra multō cōgitat mūtus dolor. (Pūblius Syrus)
4. Vīta mortī propior est cotīdiē. (Phaedrus)
5. Miserrimum est arbitriō alterīus vīvere. (Pūblius Syrus)
6. Nocēre posse et nōlle laus amplissima est. (Pūblius Syrus)
7. Corruptissimā in rēpūblicā plūrimae lēgēs sunt. (Tacitus)

FRŪCTUS, CORNŪ

명사 제4변화

0. IUVENUM MANUS ĒMICAT ĀRDĒNS

"젊은이들의 무리가 [전의(戰意)에] 불타 쏟아져 나온다." (Vergilius)

이 문장의 **iuvenum**(iuvenis, is m. f. '젊은이'의 복수 속격)과 **manus** (manus, ūs f. 손, 무리)는 외관상 제2변화 명사어미와 유사한 형태(-UM, -US)를 하고 있지만, 소속 어미 변화가 다르기 때문에 전혀 다른 형태소임이 밝혀진다. 라틴어 명사 변화 다섯 가지 가운데 네 번째 명사군은 -U- 모음 어간을 갖는 명사들로서 남성주격은 -US로 끝나고 중성주격은 -U로 끝난다.

1. FRŪCTUS : 제4변화 명사의 어미 변화

	m.		n.	
	sg.	pl.	sg.	pl.
1 Nōm.	frūctus	frūctūs	cornū	cornua
2 Gen.	frūctūs	frūctuum	cornūs	cornuum
3 Dat.	frūctuī	frūctibus	cornū (cornuī)	cornibus
4 Acc.	frūctum	frūctūs	cornū	cornua
5 Abl.	frūctū	frūctibus	cornū	cornibus

Virgines Romanae Saltant cun tympano et sistris(sicilia)

제4변화 명사의 어미 변화를 일변하면 표와 같다.

e.g., frūct**us**, **ūs** m.   열매, 결실   cornū, **ūs** n.   뿔, 두각

N.B. ① 넓은 의미의 어미를 표로 제시하면 다음과 같다.

	sg.		pl.	
	m. f.	n.	m. f.	n.
1 Nōm.	-US	-U	-US	-UA
2 Gen.	-US	-US	-UUM	-UUM
3 Dat.	-UI	-U	-IBUS	-IBUS
4 Acc.	-UM	-U	-US	-UA
5 Abl.	-U	-U	-IBUS	-IBUS

② 제4변화 -US로 끝나는 명사들은 대부분 남성이지만, 여성 명사들도 있다.

e.g., domus, ūs f. 가정, 집; manus, ūs f. 손; tribus, ūs f. 종족

③ 라틴어에서 흔히 쓰이는 단어 **domus**, ūs f. '집'은 단독으로 장소 부사 역할을 할 때에는 **domī** '집에', **domum** '집으로', **domō** '집에서부터' 라는 형태를 띤다.

문제 1. 제4변화 명사 및 어미 변화 익히기

cantus, ūs m.   노래
cāsus, ūs m.   사건, 경우, 추락
cultus, ūs m.   경작, 예배
exercitus, ūs m.   군대
impetus, ūs m.   공격, 충동
intellēctus, ūs m.   지성, 오성
domus, ūs f.   집, 가정
gelū, ūs n.   얼음, 한냉

metus, ūs m.   공포, 경외심
mōtus, ūs m.   운동, 움직임
senātus, ūs m.   원로원, 의회
ūsus, ūs m.   사용, 실천
trānsitus, ūs m.   넘어감, 통과
vultus, ūs m.   얼굴
manus, ūs f.   손, 필적, 무리
genū, ūs n.   무릎

문제 2. 형용사와 더불어 어미 변화 익히기

tāctus, ūs m. 촉각	[beātus, a, um]
audītus, ūs m. 청각	[dexter, tra, trum]
gustus, ūs m. 미각	[dulcis, e]
olfactus, ūs m. 후각	[alacer, cris, cre]
vīsus, ūs m. 시각	[vēlōx, ōcis]
manus, ūs f. 손	[māgnus, a, um]
sēnsus, ūs m. 감각	[ūtilis, e]

문제 3. 제4변화 문구 익히기

Mōtū vēlōcī - cornua longa cervōrum dīligis - manibus rēgum audācibus - prō mōtū salūbrī corporis - intellēctuī mortālium - sub vultū rubrō manet - cum exercitū suō advenit - apud genua parentum - per metum imperātōris - ā manū sinistrā - in dextrum exercitūs cornū - dē ūsū sēnsuum - senātuī atrōcī.

문제 4. 제4변화 명사 문장 번역

1. Exercitūs castra mōvērunt.
2. Verbōrum eius sēnsūs adhūc nōn intellēxistī.
3. Mōtus sine causā nūllus est.
4. Manūs, artūs, genua appellāmus corporis partēs.
5. Hominēs nōn sōlum vīsū et audītū, sed etiam ratiōne nātūram ūniversī cognōvērunt.

문제 5. 제4변화 명사의 고전 문장

1. Mors aut fīnis aut trānsitus. (Seneca)
2. In hominum vītā māgna est cāsuum varietās.
3. Parvō cultū nātūra contenta est. (Cicerō)
4. Pūrās deus nōn plēnās adspicit manūs. (Pūblius Syrus)
5. Hērēdis flētus interdum rīsus est.

20 CARPE DIEM! QUAM MINIMA CRĒDULA POSTERŌ.

DIĒS

명사 제5변화

0. CARPE DIEM, QUAM MINIMA CREDULA POSTERO.

"(바로 오늘) 하루를 향유하라! 뒷날이란 얼마나 믿기지 않는지 모르니."
(Horātius)

찰라적 향락주의를 표방하는 호라티우스의 유명한 CARPE DIEM!에서 우리는 라틴어 마지막 명사 변화인 제5변화 명사를 처음 대하게 된다. 이 명사 어미를 암기하면 라틴어의 모든 명사 변화를 익히는 셈이다.

1. RES, DIES : 명사 제5변화

제5변화 명사들은 -E- 어간 명사들로 다음과 같은 어미 변화를 보인다.
e.g., rēs, reī f. 사물, 일, 물건　　　　　dīes, diēī m. 낮, 날

N.B. 위에 나온 **dīes** '낮, 날'과 그 합성어 **merīdiēs** '정오'를 제외하고 제5변화 명사들은 모두 여성이다(dīes 역시 주기적인 날짜를 단수로 가리킬 때에는 여성으로 사용한다. 5변화에 중성 명사는 없다). 그리고 이 두 단어만 복수를 다 갖추고 있으며, 그 밖의 5변화 명사들은 단수만 쓰거나 복수를 쓰더라도 주격과 대격만 사용한다.

Puer recitat fabulam edictam apud patrem suum

		f.	m.	dēsinentia
Sg.	1 Nōm.	rēs	diēs	-ĒS
	2 Gen.	reī	diēī	-ĒĪ
	3 Dat.	reī	diēī	-ĒĪ
	4 Acc.	rem	diem	-EM
	5 Abl.	rē	diē	-Ē
Pl.	1 Nōm.	rēs	diēs	-ĒS
	2 Gen.	rērum	diērum	-ĒRUM
	3 Dat.	rēbus	diēbus	-ĒBUS
	4 Acc.	rēs	diēs	-ES
	5 Abl.	rēbus	diēbus	-EBUS

문제 1. 어휘와 어미 변화 익히기

aciēs, ēī f. 진지, 전선
faciēs, ēī f. 얼굴
effigiēs, ēī f. 모습, 모상
spēs, eī f. 희망
glaciēs, ēī f. 얼음
fidēs, eī f. 믿음

rēs pūblica 공화국, 국가
rēs adversa 역경
rēs secunda 순경
rēs dīvīnae 종교행사
rēs hūmānae 인간사, 인생
rēs familiāris 가사, 가산

perniciēs, ēī f. 파멸, 재앙

plānitiēs, ēī f. 평원, 평면

seriēs, ēī f. 차례, 계열

speciēs, ēī f. 외관, 종(種)

māteriēs, ēī f. 물질, 재료

rēs mīlitāris 군사, 군무

rēs gestae 역사

rēs nova 새소식, 변혁, 혁명

quam ob rem? 왜? 그러므로

quā rē (quārē)? 왜? 그러므로

문제 2. 제5변화 문구 익히기

Faciem pulchram mātris - faciēī cārae - prō speciē hūmānā - exemplum fideī amīcōrum - fide māgnā ex nātūrā - diēbus faustīs huius mēnsis - effigiem imperātōris fēcrunt - per tōtum diem exspectābam - diēs fēlīcēs - aciēs triplicēs fēcit exercitus - in triplicem aciem - ex plānitiē campestrī - ante merīdiem advenient - fortēs et in rēbus adversīs - ob perniciem gravem - statuae ex māteriē tenerā - prō rēbus familiāribus operam dant

문제 3. 제5변화 명사 문장 번역(이탤릭 명사를 괄호의 형용사로 수식하기)

1. Ōlim fidem et spem coluistis.   [salūber]

   [예] → Ōlim fidem salūbrem et spem coluistis.

2. Mentis aciē vērum repperimus.   [ācer]

3. Domī manēbō ūsque ad hunc diem.   [ille]

4. Omnia bella semper perniciem parāverant.   [malus]

5. Cīvēs reī pūblicae lībertātem dēsīderāvērunt.   [suus]

문제 4. 고전 문장

1. Fallācēs sunt rērum speciēs. (Seneca)

2. Urget diem nox et diēs noctem. (Ovidius)

3. Rēs est inquiēta fēlīcitās. (Seneca)

4. Spem vultū simulat, premit altum corde dolōrem. (Vergilius)

5. Amīcōs rēs secundae parant, adversae probant. (Pūblius Syrus)

☆ 명사의 다섯 가지 어미 변화를 익혔으니 다음 과부터는 뒷면지의 변화표를 이용하기 바란다.

21 QUOD FACIS, BENE FAC!

QUĪ, QUAE, QUOD

관계대명사와 관계문

0. QUOD FACIS, BENE FAC!

"(기왕) 하는 일을 잘 하라!"

이 문장은 **id, quod facis**("네가 하고 있는 그것을"), **bene fac!**("너는 잘하여라!")라는 복합문으로서, 서구어를 공부한 사람은 이미 관계대명사의 용법과 문장론상의 탁월한 가치를 익혔을 것이다. 라틴어 문장의 수사학적 풍부함과 묘미는 관계문에 있다고 하여도 과언이 아니다.

이 문장은 왼편 심층구조에서 먼저 오른편 표면구조로 변형되었고,

ID FACERE [TŪ] → id facis [tū]   "너는 그것을 하고 있다."
ID BENE FACERE [TŪ] → id bene fac, [tū]!   "너는 그것을 잘 하여라!"

그 다음 앞문장을 관계문으로 변형하여 두 문장을 하나의 복문으로 만든 것이다.

id facis [tū]   → quod facis [tū]
id bene fac, [tū]!   → [id] bene fac, [tū]!   ⇒ quod facis, bene fac!

이 과에서는 관계대명사를 익혀 라틴어 문장의 진수인 관계문을 배우기로 한다.

1. QUĪ, QUAE, QUOD : 관계대명사

위의 예문에서 **quod facis**("네가 하고 있는 것을")이라는 속문에 앞서는 관계대명사 QUOD는 의문대명사와 의문형용사(앞의 16과 참조)를 배우면서 익혔다. 상기하는 뜻에서 관계대명사의 어미 변화를 다시 살펴본다면 다음과 같다.

	sg.			pl.		
	m.	f.	n.	m.	f.	n.
1 Nōm.	quī	quae	quod	quī	quae	quae
2 Gen.	cuius	cuius	cuius	quōrum	quārum	quōrum
3 Dat.	cui	cui	cui	quibus	quibus	quibus
4 Acc.	quem	quam	quod	quōs	quās	quae
5 Abl.	quō	quā	quō	quibus	quibus	quibus

2. 관계문을 번역하는 요령

관계대명사를 사용하는 문장 곧, 관계문(關係文)은 복합문에 들어 있는 속문(屬文)이며, 관계문을 지배하는 주문(主文)의 일정한 명사나 대명사를 수식하는 형용사문 역할을 한다. 관계문이 꾸며주는 주문 속의 명사 혹은 대명사를 선행사(先行詞)라고 한다.

선행사와 관계대명사 사이에는 다음과 같은 규칙이 있다.

① 관계대명사는 그것이 지시하는 주문 속의 명사 혹은 대명사와 성과 수가 일치하여야 한다.

Puerōs quōs vituperātis, aliī laudant.

당신들이 책망하는 아이들을 다른 사람들은 칭찬합니다.

Puerōs가 남성 복수이므로 **quōs**도 남성 복수이다.

② 관계대명사의 격은 (주문이 아니라) 그 관계문 속에서 관계대명사가
어떤 역할을 하느냐에따라서 정해진다(그 역할은 주문과 관계문을 따로
떼어서 번역해 보면 밝혀진다).
Puerōs quōs vituperātis, aliī laudant.
관계대명사 **quōs**는 관계문 동사 **vituperātis**의 객어라는 문장소이
므로 대격으로 나온다.

③ 선행사가 지시대명사이면 문장에서 선행사가 생략되는 일이 흔하다.
Quōs vituperātis, [eōs] aliī laudant.
당신들이 책망하는 사람들을 다른 사람들은 칭찬합니다.
이 문장에는 **eōs**라는 대명사 선행사가 생략되어 있다.
[Id] **Quod** ūtile est, nōn semper grātum est.
유익한 것이 반드시 유쾌하지는 않다.

그러므로 라틴어 관계문을 번역할 때
① 관계대명사가 주격으로 나오면, 우리는 관계문 속에서 관계대명사가
주격보어(=주어) 노릇을 하는 것으로 번역한다.
예를 들어 다음 문장을 번역하는 순서를 설명하자면
Videō puerum **quī** fābulam narrat.
- Videō puerum QUĪ fābulam narrat. (관계대명사의 역할을 파악한다)
- Videō puerum. 나는 한 소년을 보고 있다. (주문을 파악한다)
- QUĪ [= Puer] fābulam narrat.   (관계사를 선행사로 대체해본다)
- PUER fābulam narrat.   그 소년은 동화를 이야기하고 있다.
번역: 나는 [동화를 이야기하는] 소년을 본다.

N.B. 같은 심층구조로부터 다음과 같은 표면구조로 변형되는 것도 얼마든지 가능하다.
Puer fābulam narrat, quem videō egō.
내가 보는 소년은 동화를 이야기하고 있다.

② 관계대명사가 속격으로 나오면, 주문에 들어 있는 선행사가 관계문
속에서 속격 부가어나 속격 보어 노릇을 하는 것으로 번역한다.

e.g., Videō puerum cuius mātrem herī vīdistī.

- Videō puerum CUIUS mātrem herī vīdistī.
- Videō puerum.　　　　　나는 소년을 본다.
- CUIUS [= puerī] mātrem herī vīdistī.
- PUERĪ mātrem herī vīdistī.　　그 소년의 어머니를 너는 어제 보았다.
번역 : 네가 어제 어머니를 만난 그 소년을 지금 나는 본다.

③ 관계대명사가 여격으로 나오면, 선행사가 관계문 속에 있는 동사의
여격객어 역할을 하는 것으로 번역한다.

e.g., Videō puerum **cui** fābulam narrāvistī.

- Videō puerum CUI fābulam narrāvistī.
- Videō puerum.　　　　　나는 소년을 본다.
- CUI [= puerō] fābulam narrāvistī.
- PUERŌ fābulam narrāvistī.　　그 소년에게 네가 동화를 들려주었다.
번역 : 네가 [그에게] 동화를 들려주던 소년을 나는 지금 본다.

④ 관계대명사가 대격으로 나오면, 관계문 속에서 선행사가 동사의 직
접객어 역할을 하는 것으로 해석한다.

e.g., Videō puerum **quem** vīdī herī.

- Videō puerum QUEM vīdī herī.
- Videō puerum.　　　　　나는 소년을 본다.
- QUEM [= puerum] vīdī herī.
- PUERUM vīdī herī.　　　그 소년을 나는 어제 보았다.
번역 : 내가 어제 본 소년을 [지금 또] 본다.

⑤ 관계대명사가 전치사와 함께 쓰인 경우는, 관계문 속에서 동사나 다
른 품사의 부사어 역할을 하는 것으로 번역한다.

e.g., Videō puerum **dē quō** narrāvistī.

- Videō puerum DĒ QUŌ narrāvistī.
- Videō puerum.　　　　　나는 소년을 본다.
- DĒ QUŌ [= dē puerō] narrāvistī.

- DĒ PUERŌ narrāvistī.　　　그 소년에 대해서 네가 이야기하였다.

번역 : [그 아이에 대해서] 네가 이야기하던 소년을 나는 지금 보고 있다.

의역 : 네가 얘기하던 아이가 [저기] 보인다.

문제 1. 관계사 문구 파악

Mīles, quem vidēs - mīlitis, quem vocās stultum - mīlitis, quī erat vōbīscum - mīlitī, cui dedistī aquam - mīlitī, cuius nōmen erat Mārcus - mīlitem, quem dīligis - mīlitem dē quō narrant puellae - mīlite quōcum ambulant puellae.

Mātrem, quam dīligitis - parentēs, quibus pāruistī - dōna, quae portābātis - in agrō, quī erat meus - discipulōs, quōrum librōs - castra hostium, quae vidētis - frātrum, quibuscum ambulās - nāvī, cuius mōtum nūntiāvērunt - agricolae, quem vīdistī - imperātor, cui pāreō semper! - sēnsum quō cognōscitis verba.

문제 2. 관계문 번역

1. Quod vīdī in viā, tibī narrābō.
2. Nōn omnia, quae pulchra sunt, bona sunt.
3. Illa, quam tū vīvis, nōn est vīta.
4. Eum amīcum existimō, cui poterō dīcere omnia.
5. Mihī mīsisti sīgna, quibus potuī fugere manūs inimīcōrum.

문제 3. 문장 번역(선행사를 괄호 안의 명사로 바꾸어 문장 꾸미기)

1. *Carmen*, quod legis, bellum Pūnicum tractat.　[epistulae, liber]

　　　[예]　　→ Epistulae, quās legis, bellum Pūnicum tractant.

　　　　　　　　→ Liber, quem legis, bellum Pūnicum tractat.(tracto 다루다)

2. *Carmen*, cuius auctor(ōris m. 작가) fuit Horātius, placet omnibus.

　　　　　　　　　　　　　　　　　　　[fābula, cantūs pl.]

3. *Vōbīs*, quōs mīlitēs nostrī vīnxērunt, lībertātem praebuit dux.

　　　　　　　　　　　　　　　　　　　[captīvae, pīrātae]

4. *Puerōs*, quī vēnerant ex urbe, vīdimus hodiē in agrīs.

[altāre, exercitus]

5. *Puerōs*, quibuscum ambulāverās, relīquistī domī?

[puella, ōrātor]

문제 4. 고전 문장

1. Ille dolet vērē, quī sine teste dolet. (Mārtiālis)
2. Nēmō est līber, quī corporī servit.
3. Quod nōn dedit fortūna nōn ēripit. (Seneca)
4. Diīs proximus est ille, quem ratiō, nōn īra movet. (Claudiānus)
5 Nōn quī parum habet, sed quī plūs cupit, pauper est. (Seneca)

22 IN DUŌBUS CERTIS AMĪCĪS ŪNUS ANIMUS

ŪNUS, DUO, TRĒS

수 사

0. IN DUŌBUS CERTĪS AMĪCĪS ŪNUS ANIMUS

"확고한 두 친구에게 마음은 하나."

이 문장의 두 문장소 **in duōbus amīcīs, ūnus animus**에서 보듯이 수사(數詞)는 라틴어 8품사론에서 형용사로 간주된다. 사람이나 사물의 일정한 숫자와 순번을 표시하는 까닭이다. 라틴어의 수사에는 형용사적 품사인 기수(基數), 서수(序數), 배분수(倍分數)의 세 가지 형과 부사에 해당하는 회수(回數)가 있다. 이 과에서는 수사의 용법을 익힌다.

1. ŪNUS, DUO, TRES : 기수

'몇 개냐?' 혹은 '얼마나 많은가?' 라는 질문에 대한 답으로 '하나, 둘, 셋, 열, 백, 3천' 등의 개수가 열거된다. 기본수 중에서 '하나, 둘, 셋' 그리고 '2백'부터 '9백'까지의 백수는 형용사로서의 어미 변화를 갖추고 있음에 비해서, 나머지 숫자는 불변형용사에 해당한다. '2천'부터는 명사화된다.

Venus Capitolina

기본수 :   ūnus, duo, trēs, quattuor, quīnque,
(1-19)   sex, septem, octō, novem, decem
          ūndecim, duodecim, trēdecim, quattuordecim, quīndecim
          sēdecim, septendecim, duodēvigintī, ūndēvigintī
십 수 :   vigintī, trīgintā, quadrāgintā, quīnquāgintā
(20-90)   sexāgintā, septuāgintā, octōgintā, nōnāgintā
백 수 :   centum, dūcentī, trēcentī, quadringentī, quīngentī
(100-900) sescentī, septingentī, octingentī, nōngentī

① 기본수의 어미 변화

	ŪNUS, A, UM (하나)			DUO, AE, O (둘)			TRĒS, TRIA (셋)		
	m.	f.	n.	m.	f.	n.	m.	f.	n.
1 Nōm.	unus	una	unum	duo	duae	duo	tres	tres	tria
2 Gen.	unius	unius	unius	duorum	duarum	duorum	trium	trium	trium
3 Dat.	uni	uni	uni	duobus	duabus	duobus	tribus	tribus	tribus
4 Acc.	unum	unam	unum	duos	duas	duo	tres	tres	tria
5 Abl.	uno	una	uno	duobus	duabus	duobus	tribus	tribus	tribus

e.g., ūna legiō 한 군단   duōrum puerōrum 두 소년들의
     duo pondera 두 파운드를   tribus frātribus 세 형제들에게
     Duae fēminae tribus virīs decem pōma dedērunt.
     두 여자가 세 남자에게 열 개의 사과를 주었다.

② 백수의 어미 변화

첫 수 **centum**(100)은 변화하지 않는다. 그러나 다른 모든 100 단위수 **dūcentī** 부터 **nōngentī** 까지는 **bonī**, **bonae**, **bona**와 같이 변화하되 속 격(-UM)만 다르다.

e.g., septingentōs mīlitēs   700명의 군인들을
     quīngentōrum cīvium   500명 시민들의
     trēcentīs turribus   300개의 탑으로
     Rēx praemia centum mīlitibus dedit.   국왕은 100명의 병사에게 상을 주었다.

③ 천수의 용법

'천' **mīlle**(1000)는 불변화 형용사이지만 불변화 중성명사로도 간주된다.
그리고 '2천' **duo mīlia** 부터는 중성명사가 되며 제3변화 중성명사 복수
cubīlia 와 같은 변화를 한다.

mīlia, mīlium, mīlibus, mīlia, mīlibus

e.g.,   mīlle equitēs   기병 천 명
        duo mīlia mīlitum   병사 2천 명을
        cum duōbus mīlibus cīvium   시민 2천 명을 인솔하고

N.B. ① 로마인들은 특정단위 기수를 알파벳으로 표시하였다. 4와 9는 5와 10에서 하
      나 뺀 것으로 그 앞에 표기한다.

I (손가락)	1	**V** (다섯 손가락)	5
X (두 손을 위아래로)	10	**C** (centum)	100
L (C의 절반)	50	**M** (⊂I⊃의 변형)	1000
D (I⊃의 변형 : ⊂I⊃의 절반) 500			

② 로마자 숫자의 표기에는 나름대로 규칙적인 숫자 배치가 엿보인다.

1	5	10		50	100	500	1000
	V	X		L	C	D	M
I	VI	XI	X	LX	C	DC	
II	VII	XII	X X	LXX	CC	DCC	
III	VIII	X III	X X X	LXXX	CCC	DCCC	
IV	IX	XIV	X L	XC	CD	DM	

e.g., 1999   ⇔   MCMXCIX
      3846   ⇔   MMMDCCCXLVI
      444   ⇔   CDXLIV

③ 나이는 기수로 표시한다.

Quot annōs nātus es?　　　Duodēvigintī annōs nātus sum.
　　너 몇 살이냐?　　　　　　　열여덟 살입니다.
Quot annōs habēs?　　　　Duodēvigintī annōs habeō.
　　몇 살 먹었지?　　　　　　　열여덟 살 먹었습니다.

문제 1. 로마자 숫자의 판독과 라틴어로 옮기기

VII, XII, XIV, XVI, XXIV, XXVI, XLI, LXVI
LXXII, XCI, CXXIV, CLIX, CCC, D, DCCCXXVI
DCCCLII, CMIV, CMLXII, M, MXI, MCLX, MD, MCM

문제 2. 어미 변화 익히기

Ūnum oppidum - duo nautae - tria genera - trēcentī cīvēs - ūnus rēx - duae rēs - trēs ōrātōrēs - ūna castra - nōnāgintā nāvēs - ūna manus - duo genua - trēs diēs - mīlle mulierēs - tria mīlia mīlitum

문제 3. 기수 문구 익히기

Ūnī cōnsulī - duārum mulierum - trium puerōrum - per quattuor hōrās - duōs magistrātūs - cum duōbus cōnsulibus - septem diērum - post trigintā annōs - nōnāgintā hostium - contrā septingentōs mīlitēs - septuāgintā librīs - septendecim iuvenibus

2. PRĪMUS, SECUNDUS : 서수

'몇번째?'(Quotus?)라는 물음에 답하여 '첫째', '둘째', '셋째' 라고 순번을 헤아리는 수사가 서수이다.

기본수 :　　prīmus, secundus, tertius, quārtus, quīntus
　　　　　　sextus, septimus, octāvus, nōnus, decimus
　　　　　　undecimus, duodecimus, tertius decimus...
십　수 :　　vīcēsimus, trīcēsimus, quādrāgesimus...

백 수 :   centēsimus, ducentēsimus, trecentēsimus... mīllēsimus

① 모든 서수는 제1형 형용사 **bonus, a, um**과 똑같이 어미 변화를 한다.

e.g., Nāvis tertia nāvem prīmam et secundam indūcēbat.

   셋째 함선이 첫째와 둘째 선박을 인도하였다.

② 연월일과 시간, 그리고 '언제?' 라는 물음의 답은 서수로 표시한다.

e.g., Quandō nātus es?   언제 났느냐?

   Nātus sum annō mīllēsimō nōngentēsimō septuāgēsimō octāvō.

                                              1978년에 났다.

   Quota hōra est? Hōra tertia.   몇 시냐? 세시다.

   tertia cum dimidiā (horā)   3시 반

   tertia cum quadrante   3시 15분

   tertia cum dōdrante   3시 45분

   tertia cum vīgintī (minūtīs)   3시 20분

   vigintī minūta ante tertiam (horam)   3시 20분 전

③ 로마인의 달력에서 일 년은 열두 달이었으며 달 이름은 형용사(+ mēnsis, is m.)이다.

Iānuārius, Februārius, Mārtius, Aprīlis, Maius, Iūnius

Iūlius, Augustus, September, Octōber, November, December.

④ 로마인의 해수 계산은 "로마 건국 연도"(ab Urbe conditā: a.U.c. B.C.753)로부터 계산하거나 집정관 이름으로 계산한다. 서기는 ante Chrīstum nātum[=B.C.], post Chrīstum nātum[=A.D.=Annō Dominī]로 표기한다.

문제 4. 서수 문구 및 연대 익히기

1. Secundō ōrātōrī - prīmam hōram ante merīdiem - annō ūnō et trīcēsimō rēgnī - alterō pede - hōrā ferē ūndecimā - diē ūndēvīcēsimō - hōrā tertiā post merīdiem

2. Annō dūcentēsimō quadrāgēsimō quārtō ab Urbe conditā
   Ab annō sescentēsimō ūnō et vīcēsimō ab Urbe conditā
   Annō trīcēsimō prīmō ante Chrīstum nātum
   Annō decimō quārtō post Chrīstum nātum
3. Annō imperiī tertiō, mēnse decimō, diē octāvō.
   Annō quīntō et quadrāgēsimō rēgnī.

문제 5. 기수와 서수 문장 번역

1. Tribūnus cum duōbus mīlitibus vēnit.
2. Ex septem rēgibus Rōmulus ūnus in caelum ascendit.
3. Ennius duodēvīgintī Annālium librōs composuit.
4. Dārius classem quīngentārum nāvium comparāvīt.
5. Duodēquadrāgintā annōs Dionsius tyrannus Syrācūsīs rēgnāvit.
6. Traiānus obiit aetātis annō sexāgēsimō tertiō.
7. Tertiō iam diē māgna pars hostium relīquerat castra.
8. Numa Pompilius morbō dēcessit quadrāgēsimō et tertiō imperiī annō.
9. Tiberius tertiō et vīcēsimō imperiī annō, aetātis septuāgēsimō octāvō dēcessit.
10. Septem librōrum Catōnis, secundus et tertius orīginēs gentium Italiae continent.

3. SINGULĪ ET SEMEL : 배분수와 회수

(☞ 《古典 라틴어》 375-377면 41.3-4 참조)

① 배분수는 '몇 개씩?' 이라는 물음에 답하는 집합수이며 반드시 복수로 쓰인다.
배분수사 어미 변화는 제1형 형용사의 복수와 동일하다(속격은 -UM, -ŌRUM 겸용).
배분수가 쓰이는 용례는 '몇 명씩?' 또는 '몇 개씩?' 이라는 물음에 답하는 경우이다.

e.g., Quotēnōs cōnsulēs creābant quotannīs Rōmae?   Bīnōs.
로마에서는 해마다 집정관을 몇 명씩 뽑았는가?   두 명씩.
Māter pōma bīna fīliīs dedit.
어머니는 아들들에게 과일을 두 개씩 주었다.
singulīs annīs 해마다   singulīs mēnsibus 매달

복수형으로만 쓰이는 명사들은 그 자체가 이미 집합명사이므로 그 수
를 헤아릴 때에는 기수가 아닌 배분수를 사용한다. 그리고 고전에서도
singulī, **bīnī**, **ternī** 등은 빈번히 나오지만 다른 배분수는 용례가 적다.

e.g., castra bīna 두 군막   ūnae litterae 편지 한 장
trīnae aedēs 가옥 세 채

② '몇 번?'을 묻는 질문에 대답하여 횟수를 말하는 부사이며 따라서 불변
한다. 자주 쓰이는 것은 다음과 같다.

Semel 한 번   **bis** 두 번   **ter** 세 번
deciēs 열 번   **centiēs** 백 번   **mīliēs** 천 번

e.g., semel in annō   일년에 한 번씩
bis in mēnse   한달에 두 번
ter in diē   하루에 세 번씩
semel in tribus annīs   삼 년마다 한 번씩

문제 6. 고전 문장

1. Vēritātis ūna faciēs est. (Seneca)
2. Bis ille miser, quī ante(= anteā) fēlīx fuit. (Pūblius Syrus)
3. Prīma est ēloquentiae virtūs perspicuitās*. (Quīntiliānus)
4. Semel ēmissum volat irrevocābile* verbum. (Pūblius Syrus)
5. Bis vincit, quī sē vincit in victōriā. (Pūblius Syrus)

(☞《古典 라틴어》457면 수사 일람표 참조)

23 FER AUT FERĪ, NĒ FERIĀRIS FERĪ!

EŌ, FERŌ, VOLŌ

주요 불규칙동사

0. IN DUŌBUS CERTĪS AMĪCĪS ŪNUS ANIMUS

"참거나 아니면 때려라! 안 맞으려면 때려라!"

이 로마 속담에는 **feriō**(ferīre 때리다; 명령법 ferī!)와 **ferō**(ferre 참다, 당하다; 명령법 fer!) 두 동사가 압운을 이루고 있다.

능동태 직설법의 미완료 시제와 완료시제를 익혔으므로 많이 쓰이는 라틴어 불규칙동사 몇 가지를 배우는 것도 유익할 것이다. 동사 **veniō**, vēnī, ventum, venīre '오다'에 대응하는 동사 **eō**, iī, itum, īre '가다'와 그 합성어, 그리고 많은 합성어를 갖는 **ferō**, tulī, lātum, ferre '가져가다, 가져오다' 동사를 익히기로 한다. 또 라틴어에서 자주 쓰이는 불규칙동사 volō, voluī, velle '원하다, 하고 싶다'의 활용과 그 용법을 익히기로 한다.

1. 불규칙동사 EŌ

(1) '가다'라는 뜻의 동사 **eō**, **iī**, **itum**, **īre**는 그 합성동사들과 더불어 라틴어에 자주 구사되는 어휘이다.

Personae tragicarum et comoediarum

e.g., It diēs, īte intrō accubitum.　　　하루가 갔다. 안으로 잠자러 가거라!
　　　Iam redit et Virgō, redeunt Saturnia rēgna.
　　　처녀가 돌아온다. 사투르누스 치세가 돌아온다.

이 동사는 제4활용 동사로서 직설법 현재 시제에서 상당한 불규칙을 보
인다. 그러나 다른 시제에서는 -I-가 지배적인 모음어간이므로 익히기 쉽다.

	미완료시제			완료시제		
	praes.	imperf.	fut.	perf.	plūsq.	fut.ex.
Sg. 1	eō	ībam	ībō	iī	ieram	ierō
2	īs	ībās	ībis	istī	ierās	ieris
3	it	ībat	ībit	iit	ierat	ierit
Pl. 1	īmus	ībāmus	ībimus	iimus	ierāmus	ierimus
2	ītis	ībātis	ībitis	īstis	ierātis	ieritis
3	eunt	ībant	ībunt	iērunt	ierant	ierint

명령사 : ī!   (단수)   īte!   (복수)
부정사 : īre (현재)   īvisse (과거)

N.B. 이 동사의 완료시제는 iī와 īvī, ieram과 īveram, ierō와 īverō가 함께 쓰인다.

(2) Eō 동사의 합성어
이 동사는 전치사들과 더불어 여러 합성어를 만들어 다채로운 의미를 나타낸다.
(☞《古典 라틴어》25과 참조)

ab-eō, iī, itum, īre	떠나가다, 물러가다, 사라지다, 떨어져 있다
ad-eō, iī, itum, īre	나아가다, 찾아가다, 다가가다
circum-eō, iī, itum, īre	두루 다니다, 에워싸다
co-eō, iī, itum, īre	함께 가다, 모이다, 맺다, 교접하다
ex-eō, iī, itum, īre	나가다
in-eō, iī, itum, īre	들어가다, 시작하다, 취임하다, 맺다
inter-eō, iī, itum, īre	없어지다, 죽다, 망하다
intro-eō, iī, itum, īre	들어가다
ob-eō, iī, itum, īre	돌아다니다, 마중 나가다, 무릅쓰다, 없어지다
per-eō, iī, itum, īre	없어지다, 죽다, 망하다
prae-eō, iī, itum, īre	먼저 가다, 영도하다
praeter-eō, iī, itum, īre	지나가다, 통과하다
prō-d-eō, iī, itum, īre	나아가다, 전진하다, 나서다
re-d-eō, iī, itum, īre	돌아가다, 돌아오다
sub-eō, iī, itum, īre	밑으로 들어가다, 당하다, 겪다
trāns-eō, iī, itum, īre	통과하다, 넘어가다, 지나가다

문제 1. 위의 eō 합성동사 익히기와 문구 파악(Sum 합성동사와 혼동하지 않도록)

Abiī - adieris - circumībāmus - coierint - abieritis - aderās - adierās - circumībit - coeō.

Exī - exiī - exībis - exierimus - obīstis - obierāmus - oberāmus -

inīs - inieris - inīvistīs - inīverās - praeībās - praeīmus - praeierās - prōdībitis - prōdestis - prōdīstis - subit - subiit - subierit.

문제 2. Eō 동사 및 합성 동사 문장 번역.

1. Vespere domum īvit.
2. Hannibalis servus mox redierit.
3. Lēgātī ex castrīs prōdīre nōn dēsīderābant.
4. Unda praeteriit sed mox redīre potest.
5. Illī fortēs mortem obiērunt prō patriā suā.

2. 불규칙동사 FERŌ

(1) 동사 **ferō**, **tulī**, **lātum**, **ferre** '가져오다, 가져가다, 운반하다, 당하다, …라고 하다'(제3활용)는 형태도 특이하고 어미 변화 역시 불규칙하지만, 그 합성어들과 더불어 라틴어에서 긴히 쓰이는 어휘이다.

e.g., Māgnum **fers** onus, senex: senectūtem fers.
노인장, 큰 짐을 지고 계시오. 노경을 겪고 계시니 말이오.
Gallī linguā, īnstitūtīs, lēgibus inter sē **differunt**.
갈리아인들은 언어, 제도, 법률에 있어서 서로 다르다.

이 동사의 미완료 시제와 완료시제는 사뭇 다른 형태를 하고 있다.

	praes.	imperf.	fut.	perf.	plūsq.	fut.ex.
Sg. 1	fer-ō	fer-ēbam	fer-am	tul-ī	tul-eram	tul-erō
2	fer-s	fer-ēbās	fer-ēs	tul-istī	tul-erās	tul-eris
3	fer-t	fer-ēbat	fer-et	tul-it	tul-erat	tul-erit
Pl. 1	fer-i-mus	fer-ēbāmus	fer-ēmus	tul-imus	tul-erāmus	tul-erimus
2	fer-tis	fer-ēbātis	fer-ētis	tul-istis	tul-erātis	tul-eritis
3	fer-u-nt	fer-ēbant	fer-ent	tul-ērunt	tul-erant	tul-erint

명령법 : **fer**!　(단수)　**ferte**!　(복수)
부정사 : **ferre**　(현재)　**tulisse**　(과거)

(2) Ferō 동사의 합성어

이 동사는 전치사와 합하여 많은 합성어들을 이룬다.

afferō, attulī, allātum, afferre	가져오다, 끼치다
auferō, abstulī, ablātum, auferre	가져가 버리다, 뺏어가다
anteferō, antetulī, antelātum, anteferre	더 낫게 여기다, 더 중시하다
cōnferō, contulī, collātum, cōnferre	기여하다, 참조하다, 비교하다
dēferō, dētulī, dēlātum, dēferre	내려놓다, 끌어가다
differō, distulī, dīlātum, differre	미루다, 연기하다
differō, —, —, differre	다르다, 구별되다
circumferō, circumtulī, circumlātum, circumferre	퍼뜨리다, 전파하다
efferō, extulī, ēlātum, efferre	가지고 나가다, 끌어내다
īnferō, intulī, illātum, īnferre	가지고 들어오다, 끌어들이다
offerō, obtulī, oblātum, offerre	바치다, 봉헌하다, 드리다
perferō, pertulī, perlātum, perferre	목표에 끌고 가다, 견뎌내다
praeferō, praetulī, praelātum, praeferre	낫게 여기다, 택하다
prōferō, prōtulī, prōlātum, prōferre	내놓다, 끄집어내다
referō, rettulī, relātum, referre	도로 가져오다, 보고하다
sufferō, sustulī, sublātum, sufferre	지탱하다, 견디다, 참다
trānsferō, trānstulī, trānslātum, trānsferre	운송하다, 이동하다, 번역하다

문제 3. Ferō 합성동사 문구 파악

Anteferēs - circumfers - dēferet - pertulistis - praeferet - antetulistī - circumtulerās - dēferēbās - perfert - praetuleram - antetulisse - circumferre - dēfer - perferent - praetulērunt.

Prōtulērunt - trānsferam - attulerat - differt - extuleris - prōferent - trānstulī - affers - distulerātis - extulerās - intulerant - offerēmus - obtulerit - rettulerimus - refert.

문제 4. Ferō 동사의 합성어 문장 번역
1. Dux trānstulit castra ultrā flūmen.
2. Sōcratēs honestātem vītae praeferēbāt.
3. Illī aequō animō rēs adversās ferēbant.
4. Oppidānī omnia arma extulērunt.
5. Rēs dominī sponte suā(*자발적으로) servus rettulit.

3. 불규칙동사 VOLŌ, NŌLŌ, MĀLŌ

(1) 라틴어에서 요긴이 쓰이는 조동사로서 현재 시제가 불규칙한 어미활용을 하며, 나머지 시제들은 규칙적이다. 수동태는 없다.

volō, voluī, — velle	원하다, 하고 싶다
nōlō, nōluī, — nōlle	원하지 않다, 싫다(nōn volō)
mālō, māluī, — mālle	···을 더 원하다, 차라리 ···하다(magis volō)

① 이 동사들은 부정사를 객어로 지배한다.

e.g., Tē vidēre vult.   그는 너를 보고 싶어한다.
      Īre nōlunt.   그들은 가고 싶어하지 않는다.
      Cantāre māluit.   그는 오히려 노래 부르기를 더 좋아하였다.

② **Nōlō** 동사의 명령법은 부정사와 함께 라틴어에서 금령을 이룬다.

e.g., Nōlīte hoc dīcere!   (너희들) 이것은 말하지 말아라!
      Nōlī timēre!   (너) 두려워하지 마라!

(2) 현재 어미 변화는 주의를 요하고 여타 시제들은 제3활용에 따르는 규칙 변화를 한다.

N.B. 부정법 : 현 재   **velle**   **nōlle**   **mālle**
              과 거   **voluisse**   **nōluisse**   **māluisse**
        명령법은 **nōlō** 동사에만 있다: **nōlī, nōlīte**

Sg. 1	volō	nōlō	mālō
2	vīs	nōn vīs	māvīs
3	vult	nōn vult	māvult
Pl. 1	volumus	nōlumus	mālumus
2	vultis	nōn vultis	māvultis
3	volunt	nōlunt	mālunt

문제 5. 동사 volō의 문장 번역

1. Volēbam tranquillam vītam agere.
2. Nōlī pecūniam nimis concupīscere!
3. Sapientis est velle quae bona sunt.
4. Cīvitātēs mīlitēs dare Caesarī nōluērunt.
5. Bellum egō populō Rōmānō neque fēcī neque facere umquam voluī.

문제 6. 고전 문장

1. Stultī timent fortūnam, sapientēs ferunt. (Pūblius Syrus)
2. Vinculum amōris est idem velle. (Seneca)
3. Achillēs brevem vītam et illūstrem longae et obscūrae praetulit.
4. Nōlī beneficium prōmittere quod cōnferre nōn poteris.
5. Quī obesse cum potest, nōn vult, prōdest tibī. (Pūblius Syrus)

LAUDOR, MONEOR, REGOR, AUDIOR

동사의 수동태

0. OMNIA MŪTANTUR ET NŌS MŪTĀMUR IN ILLĪS.

"모든 것이 변하며 우리도 그 안에서 덩달아 변하느니."

이 문장에서 처음 보는 두 동사부 **mūtan**TUR, **mūtāmu**R는 능동태 **mūtan**T, **mūtāmu**S와 인칭이나 시제는 유사하나 양태가 다름이 그 어미 (-R)에서 짐작된다. 지금까지 라틴어 동사의 능동태 용법을 배웠으니 이제 타동사의 수동태(受動態, vōx passīva)를 익히기로 한다. 서구어에는 우리말에 없는 수동태라는 것이 있어서, 동사의 수동태 어미만으로, 그 문장의 주어 가 어떤 행위를 받고 있음을 나타낸다.

1. 자동사 FĪŌ

라틴어 수동태를 이해하는 데 도움이 되도록, 라틴어 불규칙동사 가 운데 자동사 fīō 동사를 먼저 공부한다. 이 동사는 제3활용 타동사 **faciō**, **fēcī, factum, facere** '행하다, 만들다' 동사의 수동태처럼 사용되고 있다.

자동사	**fīō, factus sum, fierī**	되다, 이루어지다, 발생하다
	⇧	
타동사	**faciō, fēcī, factum, facere**	행하다, 만들다

Aenas portat humeo patrem Anchisen(Raphel Santius)

예문을 들자면 :

Populus facit Gracchum praetōrem.   국민은 그라쿠스를 법무관으로 만든다.
→ Gracchus fit praetor ā populō.   그라쿠스는 국민에 의해서 법무관이 된다.

두 문장의 동사부가 **facit**에서 **fit**으로 바뀌면서 **facit** 동사의 주격보어 **populus**(C1)는 **fit** 동사의 전치사 수반 문장소 ā **populō**(C6)로 바뀌고 대격 보어 **Gracchum**(praetōrem)(C4)은 새 동사의 주격 보어 **Gracchus**(praetor) (C1)로 변하였다.

Popul**us** [C1] **facit** Gracchum [C4] praetōrem[C4]
  ↕   ↕   ↕   ↕
Ā populō [C6] **fit** Gracch**us** [C1] praet**or**. [C1]

N.B. fīō 동사 미완료시제의 활용은 다음과 같다.

Praes.	fīō	fīs	fit	fīmus	fītis	fīunt
Imperf.	fīēbam	fīēbās	fīēbat	fīēbāmus	fīēbātis	fīēbant
Fut.	fīam	fīēs	fīet	fīēmus	fīētis	fīent

2. 라틴어 동사의 수동태

우리가 이미 익힌 몇몇 현대 서구어에서 용례를 보아서 알듯이, 능동태 와 비교하여, 라틴어 수동태는 다음과 같은 고유한 어미를 갖는다.

능 동 태		수 동 태
Egō tē **amō**. 나는 너를 사랑한다.	⇒	Tū **amāris** ā mē. 너는 나한테 사랑 받는다.
Deus **creat** virum et fēminam. 하느님이 남자와 여자를 창조한다.	⇒	Vir et fēmina **creantur** ā Deō. 남자와 여자는 하느님에게 창조받는다.
Corōnam Cererī **offerunt**. 케레스 여신에게 화관을 바친다.	⇒	Corōna Cererī **offertur**. 화관이 케레스에게 바쳐진다.

(1) 서구어에서는 동사가 가장 발달한 품사이며, 특히 그 수동태에서 표현의 풍부함과 문장수식의 기교가 기인하고 있을 뿐더러, 라틴어야말로 수동태를 가장 훌륭하게 간직한 언어이므로 라틴어 수동태를 철저하게 익힐 필요가 있다. 우선 수동태 동사의 부정법(modus īnfīnītīvus) 현재를 능동태와 비교하면 다음과 같다.

	"칭찬하기"	"권고하기"	"군림하기"	"듣기"
능동태	laud-ĀRE	mon-ĒRE	reg-ERE	aud-ĪRE
	↕	↕	↕	↕
수동태	laud-ĀRĪ	mon-ĒRĪ	reg-Ī	aud-ĪRĪ
	"칭찬 받기"	"권고 받기"	"다스림 받기"	"응락 받기"

(2) 따라서 라틴어 동사의 수동태를 만들려면 능동태 어미 대신에 수동태 어미를 어간에 붙인다. Laudō 동사의 수동태 반과거를 예로 들면 다음과 같다.

	능동태어미		수동태어미	
Sg. 1	-M	laud-ā-ba-M	-R	**laud-ā-ba-R**
2	-S	laud-ā-bā-S	-RIS	**laud-ā-bā-RIS**
3	-T	laud-ā-ba-T	-TUR	**laud-ā-bā-TUR**
Pl. 1	-MUS	laud-ā-bā-MUS	-MUR	**laud-ā-bā-MUR**
2	-TIS	laud-ā-bā-TIS	-MINI	**laud-ā-bā-MINĪ**
3	-NT	laud-ā-ba-NT	-NTUR	**laud-ā-ba-NTUR**

(3) 수동태 미완료시제
라틴어의 고유한 수동태 어미 변화를 네 활용 모두 열거하면 다음과 같다.

① 수동태 현재

	I	II	III	IV
Sg. 1	**laud-or**	**mon-e-or**	**reg-or**	**aud-i-or**
2	**laud-ā-ris**	**mon-ē-ris**	**reg-e-ris**	**aud-ī-ris**
3	**laud-ā-tur**	**mon-ē-tur**	**reg-i-tur**	**aud-ī-tur**
Pl. 1	**laud-ā-mur**	**mon-ē-mur**	**reg-i-mur**	**aud-ī-mur**
2	**laud-ā-minī**	**mon-ē-minī**	**reg-i-minī**	**aud-ī-minī**
3	**laud-a-ntur**	**mon-e-ntur**	**reg-u-ntur**	**aud-iu-ntur**

② 수동태 반과거

	I	II	III	IV
Sg. 1	laud-ā-ba-r	mon-ē-ba-r	reg-ē-ba-r	aud-iē-ba-r
2	laud-ā-bā-ris	mon-ē-bā-ris	reg-ē-bā-ris	aud-iē-bā-ris
3	laud-ā-bā-tur	mon-ē-bā-tur	reg-ē-bā-tur	aud-iē-bā-tur
Pl. 1	laud-ā-bā-mur	mon-ē-bā-mur	reg-ē-bā-mur	aud-iē-bā-mur
2	laud-ā-bā-minī	mon-ē-bā-minī	reg-ē-bā-minī	aud-iē-bā-minī
3	laud-ā-ba-ntur	mon-ē-ba-ntur	reg-ē-ba-ntur	aud-iē-ba-ntur

③ 수동태 미래

	I	II	III	IV
Sg. 1	laud-ā-bo-r	mon-ē-bo-r	reg-a-r	aud-ia-r
2	laud-ā-be-ris	mon-ē-be-ris	reg-ē-ris	aud-iē-ris
3	laud-ā-bi-tur	mon-ē-bi-tur	reg-ē-tur	aud-iē-tur
Pl. 1	laud-ā-bi-mur	mon-ē-bi-mur	reg-ē-mur	aud-iē-mur
2	laud-ā-bi-minī	mon-ē-bi-minī	reg-ē-minī	aud-iē-minī
3	laud-ā-bu-ntur	mon-ē-bu-ntur	reg-e-ntur	aud-ie-ntur

문제 1. 수동태 미완료시제 어미 활용 연습

portō, āvī, ātum, āre — 나르다, 가져가(오)다
dō, dedī, datum, dare — 주다
vulnerō, āvī, ātum, āre — 상처 입히다
doceō, cuī, ctum, ēre — 가르치다
teneō, tenuī, tentum, ēre — 붙잡다
exerceō, cuī, citum, ēre — 연습하다
dīligō, dīlēxī, dīlēctum, ěre — 사랑하다
īnstruō, strūxī, strūctum, ěre — 세우다
dēfendō, dī, sum, ěre — 지키다
nesciō, īvī, ītum īre — 알지 못하다, 모르다
pūniō, īvī, ītum, īre — 벌주다
reperiō, repperī, repertum, īre — 발견하다

3. 수동태 문장의 해석

(1) 수동태 문장의 형성
Fīō 문장의 예처럼, 아래의 심층문장은 화자의 의향에 따라서 능동태 문장(①)이나 수동태 문장(②)으로 변형되며, 그것도 선생님이 아이들을 칭찬 하는 경우(ⓐ와 ⓒ)와 선생님이 아이들의 칭송을 받는 경우(ⓑ와 ⓓ)는 문장의 형태도 사뭇 달라진다.

아래의 심층문장도 주어가 생략될 경우, 로마인들은 수동태 문장(①)을 능동태 문장(②)보다 애용하였다. 그리고 화자의 논리에 따르면 바위로 문을 때려부수는 일은 상식적이지만(ⓐ와 ⓒ), (쇠망치 아닌) 문으로 돌을 깨부수는 일은 드물기 때문에 여간해서는 다른 문장(ⓑ와 ⓓ)으로 변형이 안 된다.

(2) 행위자 탈격과 수단 탈격
① 행위자 탈격(ablātīvus agentis)   수동태 문장에서 '…**에 의해서**' 라고 번 역되는 품사, 즉 심층문장이 능동태 문장으로 변형될 때에 주격보어가 되었을 품사를 행위자 탈격이라고 한다. 생명이 있는 행위주체는 수동 태 문장에서 전치사 A 또는 AB(+abl.)과 함께 행위자 탈격을 이룬다.
e.g., Puerī laudantur **ā magistrō**. ← Puerōs laudat magister.
     Ā puerīs laudātur magister. ← Puerī laudant magistrum.

② 수단 탈격(ablātīvus mediī) 라틴어에서는 피동적인 행위가 발생하는
   수단 혹은 도구를 탈격으로 나타내며, 이 때에는 전치사를 사용하지
   않는다. 수단 탈격은 능동문에서도 수동문에서도 그대로 남는다.
   e.g., Porta dēlēbitur **saxō**.   ←   [Mīlitēs] portam saxō dēlēbunt.

문제 2. 심층문장을 위의 예처럼 능동태 문장과 수동태 문장으로 변형시키기
  1. FĪLIUS PORTĀRE AMĪCUS / SCHOLA (ad+acc.)
  2. PARENTĒS LEGERE EPISTULA / LĪBERĪ (dat.)
  3. DOMINUS MITTERE SERVUS / AMĪCĪ (prō+abl.)
  4. DOMINUS MITTERE SERVUS / AMĪCĪ (gen.)
  5. IUVENĒS SERVĀRE TEMPUS / DĪLIGĒNS (adv.-ter)

문제 3. 수동태 문장 번역(능동태 문장으로 변형시키기)
  1. Domus mea meīs amīcīs semper aperiētur.
  [예] → [Egō] Domum meam amīcīs meīs semper aperiam.
  2. Senectūs multīs labōribus vincitur.
  3. Omnēs collēs ab hostibus iam tenēbantur.
  4. Epistula exspectābātur et legētur ā frātre.
  5. Ab eō quem dīligēs, dīligēris.

N.B. 수동태의 명령법(현재) 단수는 능동태 현재부정법과 흡사하다.

현 재	부정법			명령법	
Laudor	laudārī	⇒	sg.	laudāre!	"너는 칭찬받아라!"
			pl.	laudāminī!	"너희는 칭찬받아라!"
Moneor	monērī	⇒	sg.	monēre!	"너는 충고받아라!"
			pl.	monēminī!	"너희는 충고받아라!"
Regor	regī	⇒	sg.	regere!	"너는 다스림 받아라!"
			pl.	regiminī!	"너희는 다스림 받아라!"
Audior	audīrī	⇒	sg.	audīre!	"너는 응낙 받아라!"
			pl.	audīminī!	"너희는 응낙 받아라!"

문제 4. 고전 문장

1. Dēbēmur mortī nōs nostraque. (Horātius)
2. Animōrum nūlla in terrīs orīgō invenīrī potest. (Cicerō)
3. Tyrannī metuī possunt, amārī nōn possunt.
4. Tūtī sumus omnēs, ūnus ubī dēfenditur. (Pūblius Syrus)
5. Virtūs ducem dēsīderat. Etiam sine magistrō vitia discuntur. (Seneca)

25 *IACTA ĀLEA EST*

LAUDĀTUS, MONITUS, RĒCTUS, AUDĪTUS SUM

수동태 완료시제

0. IACTA ĀLEA EST

"주사위는 던져졌다." (Suētōnius)

카이사르가 로마인 사령관의 무장해제 명령선인 루비콘 강을 군대를 끌고 건너면서 내뱉았다는 이 한 마디는 역사적으로 혁명가들의 입에서 자주 오르내리는 명언이 되었다. 동사 **iacta est**는 iaciō, iēcī, **iactum**, iacere '던지다'의 수동태 현재완료 시제에 해당한다.

앞 과에 이어서 라틴어동사 수동태 완료시제 곧 현재완료, 과거완료, 미래완료를 공부한다.

1. 수동태 완료시제

e.g., Amīcus meus ā magistrō **laudāt-us est**.
나의 친구는 선생님한테서 칭찬받았다.
Servae multae **ēmptae sunt** ā Rōmānīs.
여자 노예 여러 명이 로마인들에게 팔려나갔다.

이 예문에서 보듯이 수동태 완료형 시제는 각 동사의 과거분사

Orator coram populo
(Catacombae Sancti Sebastiani)

laudātum (← laudō), ēmptum(← emō)과 sum 동사 미완료 시제가 합쳐
져 만들어졌음을 알 수 있다. 이때 동사의 분사는 형용사처럼 취급되어 주
어의 성과 수를 따른다. 타동사인 한, 모든 동사는 수동형 과거분사를 지니
며, 이미 우리는 단어를 제시할 때마다 amō, amāvī, **amātum**, amāre 순
서로 과거분사를 배열해 왔다.

e.g., 제1활용	laudō,	laudāvī,	**laud-ā-tum**,	laudāre
제2활용	moneō,	monuī,	**mon-i-tum**,	monēre
제3활용	regō,	rēxī,	**rēc-tum**,	regere
제4활용	audiō,	audīvī,	**aud-ī-tum**,	audīre

2. 제1활용 동사 수동태 완료형

e.g., laudō, laudāvī, **laudā-tum**, laudāre 칭찬하다

현재완료 = [동사의 과거분사] -TUS, A, UM + [sum 동사 현 재] SUM
과거완료 = [동사의 과거분사] -TUS, A, UM + [sum 동사 반과거] ERAM
미래완료 = [동사의 과거분사] -TUS, A, UM + [sum 동사 미 래] ERŌ

	perfectum	plūsquamperfectum	futūrum exāctum
Sg. 1	laudātus, a, um sum	laudātus, a, um eram	laudātus, a, um erō
2	laudātus, a, um es	laudātus, a, um erās	laudātus, a, um eris
3	laudātus, a, um est	laudātus, a, um erat	laudātus, a, um erit
Pl. 1	laudātī, ae, a sumus	laudātī, ae, a erāmus	laudātī, ae, a erimus
2	laudātī, ae, a estis	laudātī, ae, a erātis	laudātī, ae, a eritis
3	laudātī, ae, a sunt	laudātī, ae, a erant	laudātī, ae, a erunt

부정사 : **amātum**, am, um (ōs, ās, a) **esse**

N.B. 동사의 수동태 과거분사는 형용사로 간주된다. 따라서 주어의 성과 수에 따라서
과거분사의 어미가 달라지는 것은 당연하다.

e.g., **Tū** pigra saepe ab aliīs **vituperāta es**.
너[여자]는 게을러서 남들에게 자주 꾸중들었다.

Crās **dōnum** aureum **portātum erit** ā nautīs.
내일이면 황금 선물이 사공들에 의해서 날라져 와 있을 것이다.

Ōlim **nōs** omnēs **subiectī sumus** ab inimīcīs.
과거 우리 모두가 원수들에게 굴종 당한 바 있었다.

Arma vestra **occupāta erant** ab hostibus.
너희 무기가 적군들한테 장악되었다.

문제 1. 제1활용 수동태 완료시제의 활용 연습

portō, āvī, ātum, āre	나르다, 가져가(오)다
dō, dedī, datum, dare	주다
nōminō, āvī, ātum, āre	이름 부르다
nūntiō, āvī, ātum, āre	알리다
vulnerō, āvī, ātum, āre	상처 입히다

문제 2. 제1활용 수동태 완료시제 문구 파악

Portātae sunt - datum est ā magistrō - nōminātus erat lēgātus - nūntiātum est bellum - portātī erimus in urbem - datī sunt in vinculum - illae nōminātae magistrae - vulnerātī sagittīs - portāta erat ad mare - data erant servīs - amōre vulnerātae - ā virīs suīs vulnerātae.

3. 제2활용 동사 수동태 완료형

e.g., moneō, monuī, **mon-i-tum**, monēre   권유하다
현재 완료 = **moni**-TUS, A, UM + [sum 동사 현 재] SUM
과거 완료 = **moni**-TUS, A, UM + [sum 동사 반과거] ERAM
미래 완료 = **moni**-TUS, A, UM + [sum 동사 미 래] ERŌ
부정사 : **monitum**, am, um (ōs, ās, a) **esse**

문제 3. 제2활용 수동태 완료시제 활용 연습

    dēleō, dēlēvī, dēlētum, ēre   멸망시키다, 파괴하다

    doceō, docuī, doctum, ēre   가르치다

    teneō, tenuī, tentum, ēre   붙잡다

    exerceō, exercuī, exercitum, ēre   연습하다

    prohibeō, prohibuī, prohibitum, ēre   금하다, 저지하다

문제 4. 제2활용 수동태 완료시제 문구 파악

    Doctus es - dēlētum ā suīs mīlitibus - exercitī erāmus labōre - doctī erāmus - domus ignī dēlēta - prohibitum erit lēgibus - doctus ab ipsō Sōcrate - ad nūllum tenta sunt - prohibita est ā dominīs.

4. 제3활용 동사 수동태 완료형

    e.g.,   regō,   rēxī,   **rēc-tum**,   regere   다스리다

    현재 완료 = **rēc**-TUS, A, UM + [sum 동사 현 재]   SUM

    과거 완료 = **rēc**-TUS, A, UM + [sum 동사 반과거]   ERAM

    미래 완료 = **rēc**-TUS, A, UM + [sum 동사 미 래]   ERŌ

    부정사 : **rēctum**, am, um (ōs, ās, a) **esse**

문제 5. 제3활용 수동태 완료시제 활용 연습

    dīvidō, dīvīsī, dīvīsum, ěre   나누다

    dīligō, dīlēxī, dīlēctum, ěre   사랑하다

    īnstruō, strūxī, strūctum, ěre   세우다

    interficiō, fēcī, fectum, ěre   죽이다

    dēfendō, dēfendī, dēfēnsum, ěre   지키다

문제 6. 제3활용 수동태 완료시제 문구 파악

    Dīvīsa est in duās partēs - dīlēctae eritis - interfectī sunt puerī - ā mīlitibus dēfēnsī - īnstrūcta erant ā maiōribus - dīlēcta es ab omnibus - dīvīsum esse - interfectae mātrēs - dīlēctī sumus omnēs - dēfēnsae erunt.

5. 제4활용 동사 수동태 완료형

e.g., audiō, audīvī, **aud-ī-tum**, audīre   듣다

현재 완료 = **audī**-TUS, A, UM + [sum 동사 현 재]   SUM
과거 완료 = **audī**-TUS, A, UM + [sum 동사 반과거]   ERAM
미래 완료 = **audī**-TUS, A, UM + [sum 동사 미 래]   ERŌ
부정사 : **audītum**, am, um (ōs, ās, a) **esse**

문제 7. 제4활용 동사 수동태 완료시제 활용 연습
  fīniō, īvī, ītum, īre   끝마치다
  pūniō, īvī, ītum, īre   벌주다
  reperiō, repperī, repertum, īre   발견하다
  sepeliō, sepelīvī, sepultum, īre   파묻다
  vinciō, vnxī, vnctum, re   묶다

문제 8. 제4활용 동사 수동태 완료시제 문구 파악
  Pūnītī estis iūstē - repertum ad mare - sepultī sunt et hostēs - pūnītus est iniūstē - puerī sepultī sub pectore parentum - quā hōrā fīnīta est cēna? - pīrātæ erant repertī - vīnctus erat servus - vīnctae sunt et mulierēs captīvae - prō domō suā sepultī sunt vīvī

문제 9. 수동태 완료시제 문장 번역
  1. Iuvenēs etiam nostrī in bellō occīsī erant.
  2. Ōrāculum erat datum lēgātīs Athēnārum.
  3. Ab illō sapiente omnis diēs velut ultimus aestimātus est.
  4. Aliōrum damnīs saepe doctī sumus.

5. Puella optimō iuvenī ā patre prōmissa erat.

6. FERŌ 동사와 FACIŌ 동사의 수동태

(1) **Ferō** 동사는 그 많은 합성동사들이 있어(☞ 이 책 23과 2 참조) 수동
태 어미도 유의해야 하는데 특히 현재 어미가 독특한 변화를 한다.

능동태 : **ferō,   tulī,   lātum,   ferre**
수동태 : **feror,   lātus   sum,   ferrī**

① 수동태 미완료 시제

	praesēns	imperf.	futūrum
Sg. 1	fer-or	fer-ēbar	fer-ar
2	fer-ris	fer-ēbāris	fer-ēris
3	fer-tur	fer-ēbātur	fer-ētur
Pl. 1	fer-imur	fer-ēbāmur	fer-ēmur
2	fer-iminī	fer-ēbāminī	fer-ēminī
3	fer-untur	fer-ēbantur	fer-entur

② 수동태 완료 시제

Perfectum	lātus, a, um sum	lātī, ae, a sumus
Plūs.perf.	lātus, a, um eram	lātī, ae, a erāmus
Fut.exāct.	lātus, a, um erō	lātī, ae, a erimus

(2) Faciō 동사의 수동태 완료시제
Faciō 단독 동사는 미완료 수동태가 따로 없고, 앞과 첫머리에서 소개
한 것처럼 자동사 **fīō**를 차용한다. 수동태 완료 시제는 **factus sum** 형태
를 취한다. 그러나 **faciō**의 전치사 합성 동사들(☞《古典 라틴어》195면 23.8.2
참조)은 -FICIOR 라는 수동태 미완료 시제 어미를 갖고 **regor, regeris,**

regitur와 똑같이 변화한다. 그리고 완료 시제는 모두 -FECTUS sum 형태
가 된다.

fīō, **factus** sum, fierī	되다, 이루어지다, 발생하다
faciō, fēcī **factum**, facere	행하다, 만들다
efficiō, effēcī, **effectum**, efficere	만들다
efficior, **effectus sum**, efficī	만들어지다

다시 말해서 **faciō**의 모든 합성동사들은 수동태 완료시제에서 여일하게
factus, a, um **sum**(eram, erō)의 형태를 취한다.

문제 10. Ferō 동사와 faciō 동사의 완료시제 문장 번역

1. Flūmina repente ab oculīs ablāta erant.
2. Dēmosthenēs praelātus est omnibus cīvibus.
3. Labōrēs in alterum diem dīlātī sunt.
4. Cīvēs inimīcī interfectī sunt.
5. Bellum perfectum est. Grave facinus factum est.

문제 11. 고전 문장

1. Caligulae equus ab ipsō dominō senātor factus est.
2. Quidquid factum est cum virtūte, factum est cum glōriā.
3. Ablātā iūstitiā quid sunt rēgna nisī māgna latrōcinia? (Augustīnus)
4. Quī audiunt audīta dīcunt, quī vident plānē sciunt. (Plautus)
5. Nōn hostium virtūte, sed imperātōris nostrī temeritāte victī sumus.

[부록] 동사 수동태 어미 변화

☆ 수동태의 미완료 시제와 완료시제를 익혔으니 이를 표로 제시한다.

	praesēns 현재	imperfectum 반과거	futūrum 미래
Sg. 1	laud-**or**　　laudō	laud-ā-ba-**r**	laud-ā-bo-**r**
2	laud-ā-**ris**	laud-ā-bā-**ris**	laud-ā-be-**ris**
3	laud-ā-**tur**	laud-ā-bā-**tur**	laud-ā-bi-**tur**
Pl. 1	laud-ā-**mur**	laud-ā-bā-**mur**	laud-ā-bi-**mur**
2	laud-ā-**minī**	laud-ā-bā-**minī**	laud-ā-bi-**minī**
3	laud-a-**ntur**	laud-ā-ba-**ntur**	laud-ā-bu-**ntur**
Sg. 1	mon-**e-or**　　moneō	mon-ē-ba-**r**	mon-ē-bo-**r**
2	mon-ē-**ris**	mon-ē-bā-**ris**	mon-ē-be-**ris**
3	mon-ē-**tur**	mon-ē-bā-**tur**	mon-ē-bi-**tur**
Pl. 1	mon-ē-**mur**	mon-ē-bā-**mur**	mon-ē-bi-**mur**
2	mon-ē-**minī**	mon-ē-bā-**minī**	mon-ē-bi-**minī**
3	mon-e-**ntur**	mon-ē-ba-**ntur**	mon-ē-bu-**ntur**
Sg. 1	reg-**or**　　regō	reg-ē-ba-**r**	reg-a-**r**
2	reg-e-**ris**	reg-ē-bā-**ris**	reg-ē-**ris**
3	reg-i-**tur**	reg-ē-bā-**tur**	reg-ē-**tur**
Pl. 1	reg-i-**mur**	reg-ē-bā-**mur**	reg-ē-**mur**
2	reg-i-**minī**	reg-ē-bā-**minī**	reg-ē-**minī**
3	reg-u-**ntur**	reg-ē-ba-**ntur**	reg-e-**ntur**
Sg. 1	aud-**i-or**　　audiō	aud-iē-ba-**r**	aud-ia-**r**
2	aud-ī-**ris**	aud-iē-bā-**ris**	aud-iē-**ris**
3	aud-ī-**tur**	aud-iē-bā-**tur**	aud-iē-**tur**
Pl. 1	aud-ī-**mur**	aud-iē-bā-**mur**	aud-iē-**mur**
2	aud-ī-**minī**	aud-iē-bā-**minī**	aud-iē-**minī**
3	aud-iu-**ntur**	aud-iē-ba-**ntur**	aud-ie-**ntur**

	PERFECTUM 현재완료	PLŪSQUAMPERF. 과거완료	FUTŪRUM EXĀCT. 미래완료
Sg. 1	laud**ātus**, a, um **sum**	laud**ātus**, a, um **eram**	laud**ātus**, a, um **erō**
Pl. 1	laud**ātī**, ae, a **sumus**	laud**ātī**, ae, a **erāmus**	laud**ātī**, ae, a **erimus**
Sg. 2	mon**itus**, a, um **es**	mon**itus**, a, um **erās**	mon**itus**, a, um **eris**
Pl. 2	mon**itī**, ae, a **estis**	mon**itī**, ae, a **erātis**	mon**itī**, ae, a **eritis**
Sg. 3	rēc**tus**, a, um **est**	rēc**tus**, a, um **erat**	rēc**tus**, a, um **erit**
Pl. 3	rēc**tī**, ae, a **sunt**	rēc**tī**, ae, a **erant**	rēc**tī**, ae, a **erunt**
Sg. 1	aud**ītus**, a, um **sum**	aud**ītus**, a, um **eram**	aud**ītus**, a, um **erō**
Pl. 1	aud**ītī**, ae, a **sumus**	aud**ītī**, ae, a **erāmus**	aud**ītī**, ae, a **erimus**

TIMEŌ DANAŌS ET DŌNA FERENTĪS.

LAUDĀNS, LAUDĀTUS, LAUDĀRE, LAUDĀVISSE

동사의 형용사적 용법과 명사적 용법

0. TIMEŌ DANAŌS ET DŌNA FERENTĪS.

"선물을 가지고 오는 헬라인들을 나는 두려워하노라." (Vergilius)
SCRĪBERE EST AGERE. "글을 쓰는 것은 행동을 하는 것이다."
라틴어에는 동사의 역할을 하면서도 명사 및 형용사의 형태를 갖추어 동사의 영역을 크게 넓혀주는 품사들이 있다. 동사형 명사 및 동사형 형용사라고 부르기도 한다. 부정법(modus īnfīnītīvus), 동명사(gerundium), 목적분사(supīnum), 분사(participium) 네 가지가 있다.
첫 문장에서 트로이아 전쟁을 주도한 아르고스인들은 스스로 다나우스 (Danaus)의 후손을 자처하였다. 트로이아 목마를 상기시키는 이 대사에는 앞 과에서 배운 ferō 동사의 현재분사 ferentēs가 나온다. 분사는 동사와 형용사의 역할을 겸한다. 종류로는 능동태 현재분사, 수동태 과거분사, 능동태 미래분사, 당위분사 혹은 수동태 미래분사 네 가지가 있다.
두 번째 문장의 격언에는 두 개의 부정사가 주어('글쓰기')와 보어('행동하기')를 이루고 있다. 동사가 명사처럼 쓰이는 대표적인 용례는 부정사(e.g. amāre, amārī 사랑하는 것, 사랑 받기)로서 주격과 대격으로 나오는데 폭넓게 사용된다.

Sonatores ambulantes in foro

1. 분사의 일반용법

　　분사는 동사와 형용사의 역할을 겸한다. 종류로는 능동태 현재분사, 수동태 과거분사, 능동태 미래분사, 당위분사 혹은 수동태 미래분사 네 가지가 있어 이를 일별하기로 한다.

　　⑴ 분사는 동사로서 일반 형용사와는 달리
　　① 명사의 행동이나 상태를 설명하고
　　　e.g., Puer ambulāns　　　　　　　　　　'걷고 있는' 소년
　　　　　　Alumnus epistulam scrībēns　　　'편지를 쓰는' 소년

　　② 동사로서의 양태(능동태와 수동태), 시제(현재, 과거, 미래)를 간직하고 있으며,
　　　e.g., Puella nātōs suōs amātūra　　　　자기 자식들을 '사랑하게 될' 소녀
　　　　　　Puellae Sabīnae ā Rōmānīs raptae　로마인들에게 '납치 당한' 사비나 처녀들

　　③ 문장 속에서는 동사로서 자기 나름대로 여러 보어를 지배하고 있다. 그러면서도 형용사로서 분사는 그것이 수식하는 명사와 성, 수, 격을 일치시킨다.
　　　e.g., Fīlius parentibus oboediēns　　　부모에게 순종하는 아이
　　　　　　Hominem ratiōne ūtentem　　　이성을 사용하는 사람을

　　⑵ 일반 타동사에 갖추어진 라틴어 분사를 기준으로 다음 세 가지 분사가 있다.
　　　e.g., amō, amāvī, amātum, amāre　　　사랑하다

능동태 현재분사: amāns, amantis　　　　　　　사랑하는, 사랑하고 있는
수동태 과거분사: amātus, amāta, amātum　　　사랑받은
능동태 미래분사: amātūrus, amātūra, amātūrum　사랑할, 사랑하려는
수동태 미래분사: amandus, amanda, amandum　사랑받아야 할

(3) LAUDĀNS : 능동태 현재분사

① **의미** 행위가 일어나고 있는 상태를 가리키며 주문의 시칭과 동시성(同時性)을 나타낸다. 모든 형태의 동사에 현재분사가 있다(수동태 현재분사라는 것은 라틴어에 없다).

e.g. **laudō**, āvī, ātum, āre 칭찬하다; **laudāns, laudantis** 칭찬하는

② **어미변화** 현재분사의 어미 변화는 형용사 제2형(혹은 pons, pontis 형의 명사[63면 참조])에 해당하는 -NS, -NTIS 형태를 띠고, 다만 단수 탈격이 -I 대신에 -E 라는 점만 다르다(e.g., m. sg.pl. laudāns, laud**ant**-**is**, laud**ant**-**ī**, laud**ant**-em, laud**ant**-e, laud**ant**-ēs, laud**ant**-ium, laud**ant**-**ibus**...). 형용사로서 분사는 남성과 여성 격어미가 모두 동일하며, 중성은 주격과 대격이 동일하다는 특색을 보인다.

③ **용례** 분사는 다음과 같이 넓게 사용된다.

형용사 : arbor **flōrēns** (← flōreō) '꽃피는' 나무

명 사 : Nēmō rīdet **amantis** āmentiam.
　　　　　'사랑에 빠진 사람의' 치기(稚氣)를 아무도 비웃지 않는다.

분사구 : Oculus **sē nōn vidēns** alia videt.
　　　　　눈은 '자체는 못 보지만', 다른 것을 본다.

문제 1. 현재분사문의 번역. 분사구의 수를 바꾸기

　1. Adsum veniam petēns.
　[예] → Adsumus veniam petentēs.
　2. Eum vīderam super saxō sedentem.
　3. Tibī dē amīcitiā cōgitantī respondēbō.
　4. Mulierēs flentēs ac clāmantēs domī relīquī.
　5. Orātor animōs audientium et docet et dēlectat et permovet.

(4) LAUDĀTUS : 수동태 과거분사

① **의미** 행위가 일어난 뒤의 상태를 가리키며 주문 동사에 대한 선행성(先行性)을 나타낸다. 타동사의 과거분사는 원칙적으로는 수동의 의미

를 띤다.

e.g. laudō, āvī, **laudātum**, āre 칭찬하다;   **laudātus** 칭찬 받은

② **형태** 사전에 나오는 동사의 과거분사를 -TUS, -TA, -TUM 형태로 형용사화한다. 어미 변화는 형용사 제1형 그대로다(e.g., f.sg. laudāt-a, laudāt-ae, laudāt-ae, laudāt-am, laudāt-ā...).

③ **용례** 과거분사가 수동태 완료시제에서 사용되는 용법은 앞 과에서 공부하였다. 그 밖의 용례는 다음과 같다.

형용사 : Puella **amāta** ab Iove   유피터신에게 '사랑 받은' 처녀

명 사 : Nōn potuit **cōgitāta** narrāre.

    그는 '생각에 떠오른 것'을 설명할 수 없었다.

분사구 : **Victus** fūgit Hannibal.   한니발은 패배하여 도주하였다.

N.B. 자립분사구(ablātivus absolūtus) : 라틴어 문장의 절묘한 기교에 속하며 고전 작품에 빈번히 나오는 분사 용법이다. 분사와 명사가 탈격으로 나오며, 일종의 부사문 역할을 한다. 라틴어 문장에서 가장 아름답지만 또한 번역하기 힘든 문장이므로 여기서는 용례를 언급하는데서 그친다.

(☞《古典 라틴어》232-235면 27.3 참조)

Tarquīniō rēgnante Pȳthagorās in Italiam vēnit.

타르퀴니우스가 통치하고 있을 때에 피타고라스가 이탈리아로 왔다.

Sōle occāsō exīmus ē castrīs.

해가 지고 나서 우리는 진지에서 나왔다.

문제 2. 수동태 과거분사문의 번역(수를 바꾸기)

1. Servus ā dominō missus erat eius fīlius.

[예] → Servī ā dominō missī erant eius fīliī.

2. Ā cīvibus expulsus trīstis miserque vīvō.

3. Tunc mē inveniēs aegritūdine afflictum.

4. Urbem captam hostēs incendiō dēlēvērunt.

5. Beneficiōrum acceptōrum nōn immemorēs esse dēbētis.

(5) LAUDĀTŪRUS : 능동태 미래분사
① 의미 행위를 하려는 의도나 사태가 발생할 예측을 나타내며, 따라서
   주문 동사에 대해서 후속성(後續性)을 나타낸다. 능동적 의미를 담기
   때문에 모든 동사에 다 미래분사가 있다.
e.g. laudō, āvī, ātum, āre 칭찬하다; laudātūrus 칭찬하려는

② 형태 능동태 미래분사는 그 형태가 동명사(다음과 참조: e.g., amātus,
   amātu)의 어간-TU-에 미래접사 -RO-를 붙인 -TŪRUS이다. 미래분
   사의 어미 변화는 형용사 제1형에 그대로이다(e.g., m.pl. laudātūr-ī,
   laudātūr-ōrum, laudātūr-īs, laudātūr-ōs, laudātūr-īs...).

③ 용례
형용사 : tempus futūrum (← fio) '장차 올' 시간, 미래
명 사 : Cēpērunt fūgitūrōs.   그들은 '막 도망가려던 사람들을' 붙잡았다.
분사문 : Audītūrus veniō.   나는 '들으려고' 온다.

문제 3. 능동태 미래분사문의 번역(수를 바꾸기)
1. Librum nunc lēctūrus sum.
[예] → Librōs nunc lēctūrī sumus.
2. Hominem rēgnātūrum cīvitātem vidēbitis.
3. Voluptātēs nocitūrās(noceō) vītāte semper!
4. In Italiam perventūrus(perveniō) tibī scrībam.
5. Futūra cognōscere nōn semper ūtile est.

(6) LAUDANDUS : 당위분사 혹은 수동태 미래분사
① 의미 라틴어에는 수동태로서 '…**되어야 할**, …**되어야 하는**'이라는 당
위성(當爲性)을 나타내면서 편의상 수동태 미래를 의미하는 용법이 있다. 당
위분사(gerundīvum)라고 부른다. 타동사(다음 과에서 배울 탈형타동사 포함)만이
수동태의 당위분사를 지닌다.

e.g. **laudō**, āvī, ātum, āre 칭찬하다: **laudandus** 칭찬받을, 칭찬받아야 할

② 형태   수동태 당위적 미래분사의 형태는 원래의 어근에 -NDO-라는 접사가 붙은 -NDUS이다. 수동태 당위적 미래분사의 어미 변화는 형용사 제1형에 그대로 해당한다(e.g., n.sg. lauda**nd-um**, lauda**nd-ī**, lauda**nd-ō**, lauda**nd-um**, lauda**nd-ō**...).

③ 용례
형용사 : liber **legendus**   읽힐(= 읽어야 할) 책
명   사 : Rōmānī numquam pepercērunt **dēlendīs**.
        로마인들은 '몰살당해야 할' 자들은 결코 관용하지 않았다.
분사문 : Omnibus **colendae sunt** virtūtēs.
        모든 사람들에 의해서 덕이 닦여야 한다.

문제 4. 수동태 당위분사 문장의 번역(분사구의 수를 바꾸기)
1. Dīligēns puer magistrō laudandus est.
[예] → Dīligentēs puerī magistrō laudandī sunt.
2. Dē contemnendā morte Cicerō scrīpsit.
3. Epistula frātrī exspectanda et legenda erit.
4. Vērum patrī ā fīliō dīcendum fuit.
5. Antīquī ōrātōrēs tibī legendī sunt.

2. 부정법(modus īnfīnītīvus)

부정법(否定法)은 동사의 명사적 형태인 부정사(不定詞)를 사용하는 서법을 가리킨다. 동사로서 부정사는 양태(능동태와 수동태), 시제(현재, 과거, 미래)를 그 형태 속에 간직하고 있으며, 인칭에 따른 어미활용이 없을 따름 어엿한 문장을 이룰 수 있다. 또한 명사로서 부정사는 주문 동사의 객어나 주어 기능을 맡는다.

(1) 의 미 : 부정사는 명사로서 중성 단수 주격 또는 대격으로 간주된다. 따라서 단순히 부정사 하나도 문법상의 여러 용도로 쓰인다.

e.g. 주어 : **Amāre et amāri** omnibus placet.

사랑하고 사랑 받기는 모두가 좋아한다.

객어 : Dēsīderō **scīre**.

[알기를 원한다.] 알고 싶다.

서술어 : Hoc nōn est **vīvere**!

이것은 [사람] 사는 것이 아니다.

동격어 : Hoc studeō, tibī **placēre**.

내가 힘쓰는 바는 당신 마음에 드는 것이다.

(2) 형 태 : 라틴어 부정사의 형태는 능동태와 수동태, 현재와 과거와 미래 시제에 따라서 다음과 같이 달라진다.

① 현재 부정사: -ĀRE > -ĀRĪ, -ERE > -ERI, -ERE > -Ī, -ĪRE > -ĪRĪ 현재 부정사는 주문의 사건과 동시성(同時性)을 갖는다.

	칭찬하는 것	권고하는 것	군림하는 것	듣는 것
능동태	laud-āre	mon-ēre	reg-ere	aud-īre
	↕	↕	↕	↕
수동태	laud-ārī	mon-ērī	reg-ī	aud-īrī
	칭찬 받는 것	권고 받는 것	다스림 받는 것	응락 받는 것

② 과거 부정사: 네 활용 다 능동태는 -ISSE, 수동태는 -TUM(-tam, -tum, -tōs, -tās, ta) ESSE로 되어 있다. 과거 부정사는 주문의 사건보다 앞서는 선행성(先行性)을 나타낸다.

	칭찬한 것	권고한 것	군림한 것	들었던 것
능동태	laud-āv-isse	mon-u-isse	rēx-isse	aud-īv-isse
	↕	↕	↕	↕
수동태	laudātum esse	monitum esse	rēctum esse	audītum esse
	칭찬 받은 것	권고 받은 것	다스림 받은 것	응락 받은 것

③ 미래 부정사: 능동태는 대격인 -TŪRUM(-tūram, -tūrum, -tūrōs, -tūrās, -tūra) ESSE, 수동태는 -TUM ĪRĪ 형태를 띤다. 미래 부정사는 주문의 사건보다 늦게 발생할 후속성(後續性)을 표현한다.

능 동 태	I	laudātūrum esse	laudātūram esse	laudātūrum esse	칭찬할 것
	II	monitūrōs esse	monitūrās ese	monitūra esse	권고할 것
	III	rēctūrum esse	rēctūram esse	rēctūrum esse	다스릴 것
	IV	audītūrōs esse	audītūrās esse	audītūra esse	들을 것

⇧　　　　　⇩

수동태	laudātum īrī 칭찬 받을 일	monitum īrī 권고 받을 일	rēctum īrī 다스림 받을 일	audītum īrī 응락 받을 일

문제 5. 예와 같이 동사의 능동태와 수동태 및 현재, 과거, 미래 부정사 만들기

dō, dedī, datum, are 주다

[예]　현재　→　dare, darī
　　　과거　→　dedisse, datum(-am, -um) esse
　　　미래　→　datūrum(-tūram, -tūrum) esse, datum īrī

vulnerō, āvī, ātum, āre	상처내다
dēleō, dēlēvī, dēlētum, ēre	멸망시키다
maneō, mānsī, mānsum, ēre	머물다
dūcō, dūxī, ductum, ere	인도하다, 이끌다
mittō, mīsī, missum, ere	보내다
cadō, cecidī, cāsum, ere	넘어지다
capiō, cēpi, captum, ere	붙잡다, 사로잡다
caveō, cāvī, cautum, ēre	조심하다, 주의하다
fīniō, fīnīvī, fīnītum, īre	끝내다, 끝나다
sciō, scīvī, scītum, īre	알다, 이해하다

문제 6. 부정사의 파악과 동사 원형(amāvisse → amō) 찾아내기

Amāvisse - futūrum esse - ēducātum īrī - tacitūrum esse - condidisse

- amātūrōs esse - adesse - ēducāta esse - tacuisse - mūnīvisse - amātūra esse - adfuisse - vīsam esse - placuisse - conditūrās esse - mūnītūra esse - pūnītōs esse - pūnītum īrī - victās esse - victum īrī

3. 부정법문

　부정사로 나오는 동사와 그 동사의 보어들을 한 단위로 하여 이루어지는 문장을 부정법문(prōpositiō īnfīnītīva)이라고 한다. 이 부정법문은 문장의 구성소들을 모두 갖춘 채로 복합문 속에서 그 주문이나 객어문이 되는데, 라틴어 부정사의 실제 용도는 바로 여기 있다. 라틴어에서 부정법문은 그것이 주어문이든 객어문이든 간에, 주로 대격 부정법문, 즉 부정법문 속의 주어가 대격으로 나오는 부정법문이 주종을 이룬다(주격 부정법문이라는 예외적인 형태도 있다).

(1) 부정법문의 해석
　일반적으로 부정법문은 복합문에 속하는 명사문으로 주문동사의 주어나 객어 기능으로 널리 쓰이며, 이 경우에는 대격 부정법문을 사용한다.
Dīcit patrem laudāre fīlium suum.
무릇 부모는 자기 자식을 칭찬하게 마련이라고 그가 말한다.

　이 간접화법 문장은 "그가 말한다." 라는 주문과 "아버지는 자기 아들을 칭찬한다."라는 속문을 단일 문장으로 만든 것이라고 볼 수 있다.

(Is) dīcit.　　　　　　　　그는 말한다.
Pater laudat fīlium suum.　아버지가 자기 아들을 칭찬한다.
→　Dīcit patrem laudāre fīlium suum.

N.B. 위의 복합문에서 속문인 부정문을 살펴보면, 주어가 대격으로 바뀌고(pater → patrem), 술어가 부정사로 바뀌었음(laudat → laudāre)을 알 수 있다. 나머지 품사와 형태(fīlium suum)는 그대로 보존되어 있다.

(2) 이렇게 만들어지는 대격 부정법문은 일종의 명사문이므로:

주어도 되고,   **Mendācem esse** turpe est.
거짓말쟁이가 되는 일은 비루하다.

객어도 되며,   Putābam vōs **errāvisse nōn illōs**.
나는 그들이 아니고 너희들이 틀렸다고 생각해왔다.

서술어도 된다.   Doctō hominī vīvere est **cōgitāre**.
식자에게는 산다는 것은 사유한다는 것이다.

(3) 시제의 일치

부정법문은 주문 동사의 시제와 일치시켜야 한다. 앞에서 설명한 것처럼, 주문 동사의 시제와 동시적이면 현재부정사, 주문 동사의 시제보다 선행하면 과거부정사, 주문 동사의 시제보다 늦으면 미래부정사를 사용한다 (주문 동사가 완료시제인지, 미완료 시제인지, 과거, 미래, 현재 어느 시제인지는 상관없다).

문제 7. 부정법문 번역과 시간 관계 밝히기

1. Centuriō nūntiābit mīlitēs fortiter pūgnāre.
2. Centuriō nūntiat mīlitēs fortiter pūgnāvisse.
3. Centŭriō nūntiābat mīlitēs fortiter pūgnātūrōs esse.
4. Paulus putāvit Mārcum fuisse Rōmae.
5. Paulus putāverat Mārcum Rōmae futūrum esse.
6. Paulus putāverit Mārcum esse Rōmae.

문제 8. 부정법문 번역

1. Spērō rem facilem futūram esse.
2. Sciō dolōrem nōn esse nēquitiam.
3. Agere et tollere fortia Rōmānum est.
4. Alexander dīcēbat ā nūllō sē beneficiō victum esse.
5. Laetum est cum amīcīs cēnāre, cēnāvisse, cēnātūrum esse.

N.B. ① 동명사(動名詞, gerundium) : 동사의 수동태 당위분사 중성(명사)을 격변화
시켜, 주격과 대격 밖에 없는 부정사의 기능을 보완한다. 동명사는 주격과 대격
외에도 속격, 여격, 탈격, 특히 전치사를 갖는 대격과 탈격을 나타낼 수 있어서
동사의 명사적 용법을 남김없이 발휘한다. 동명사의 격에 따른 형태와 기능만
예거하면 다음과 같다.   (☞《古典 라틴어》 246-324면 28.3-4 참조)

   e.g., **certō**, certāvī, certātum, certāre(수동태 당위분사 중성형: **certandum**)
      Gen.   **certandī** : Iuvenis **certandī cupidus** est.
                     젊은이는 싸우고 싶어 안달이다.
      Dat.   **certandō** : tēlum **certandō aptum**.
                     싸우기 알맞은 무기
      Acc.   **ad certandum** : **Ad certandum parātus** erat gladiātor.
                        검투사는 싸울 준비가 되어 있었다.
      Abl.   **certandō** : **certandō** validus fīō.
                     싸우면서 나는 강해진다.
                     in certandō modum servā!
                     싸우는 중에도 법도는 지켜라!

   ② 목적분사(supīnum)는 용례는 드물지만, 명사형 동사로서 대격('…하기 위하
   여')과 탈격('…하기에 [좋은]')만 갖춘 용법이다. 목적분사는 과거분사에서 형태를
   차용하며 -tum은 능동태, -tū는 수동태로 쓰인다.
                              (☞《古典 라틴어》 249 -250면 28.5 참조)
   예문을 들면 다음과 같다.
   e.g., Vīllicus postrēmus **accubitum iit**.   별장지기는 마지막에야 자러 갔다.
      Rēs est **facilis dictū**.   말하기로는 쉬운 일이다.

문제 9. 고전 문장

   1. Audiendī quī monent. (Cicerō)
   2. Iniūriam quī factūrus est, iam facit. (Seneca)
   3. Nōscenda est mēnsūra suī. (Mārtiālis)
   4. Virtūs, ab omnibus laudāta probātaque, ā perpaucīs exercētur.

5. In tria tempora vīta dīvīditur: quod fuit, quod est, quod futūrum est. Ex hīs quod agimus breve est, quod āctūrī sumus dubium, quod ēgimus certum. (Seneca)
6. Mors est nōn esse. (Seneca)
7. Vitium est nōn pārēre ratiōnī. (Cicerō)
8. Nēmō sē avārum esse intellegit. (Seneca)
9. Tacendī tempus est. (Plautus)
10. Praestat cum dīgnitāte cadere quam cum ignōminiā servīre. (Cicerō)

[부록] 동사의 분사, 부정사 일람표

☆ 동사의 형용사적 용법과 명사적 용법을 익혔으니 이를 표로 제시한다.

		LAUDŌ	MONEŌ	REGŌ	AUDIŌ
분사	현재(능동) 과거(수동) 당위(수동) 미래(능동)	laudāns, antis laudātus, a, um laudandus, a, um laudātūrus, a,um	monēns, entis monitus, a,um monendus, a,um monitūrus, a,um	regēns, entis rēctus, a,um regendus, a, um rēctūrus, a, um	audiēns, entis audītus, a, um audiendus, a, um audītūrus, a, um
부정사	능동 현재 능동 과거 능동 미래	laudāre laudāvisse laudātūrum esse	monēre monuisse monitūrum esse	regere rēxisse rēctūrum esse	audīre audīvisse audītūrum esse
부정사	수동 현재 수동 과거 수동 미래	laudārī laudātum esse laudātum īrī	monērī monitum esse monitum īrī	regī rēctum esse rēctum īrī	audīrī audītum esse audītum īrī
동명사	Gen. Dat. Acc. Abl.	laudandī laudandō ad laudandum laudandō	monendī monendō ad monendum monendō	regendī regendō ad regendum regendō	audiendī audiendō ad audiendum audiendō
목적분사	능 동 수 동	laudātum laudātū	monitum monitū	rēctum rēctū	audītum audītū

CŌNOR, CŌNĀTUS SUM, CŌNĀRĪ

탈형동사

0. REM TENĒ, VERBA SEQUENTUR

"사상을 포착하라. 언어는 (저절로) 따라오리라." (Catō)

시상(詩想)이든 철학이든 착상과 개념이 중요하고 표현하는 언어는 뒤따르게 마련이라는 고전적 언어관을 담은 이 명언에서 동사 **sequentur**는 형태가 수동태이지만 의미는 능동태('따르리라')로 번역되고 있다. 라틴어에는 어미 활용의 형태는 수동태이나 의미가 능동태인 동사가 상당수 있는데, 그것을 탈형동사(脫型動詞, verbum dēpōnēns)라고 한다(e.g., sequ**or**, sec**ūtus sum**, sequ**ī** '따르다').

이 마지막 과에서는 이러한 동사들과 기타 변태 동사들을 살펴보기로 한다.

1. 탈형동사(脫型動詞 : verbum dēpōnēns)

어미 활용의 형태는 수동태이나 의미가 능동태인 동사가 탈형동사인데, 모든 어미 활용이 수동형 그대로이며, 능동형이 따로 없다. 그리고 네 가지 활용 전부에 탈형동사들이 조금씩 들어 있다.

Iulius Caesar

e.g.,	**cōnor**	나는 힘쓴다	**cōnātus**, a, um **sum**	나는 힘썼다	**cōnārī**
	vereor	나는 두렵다	**veritus**, a, um **sum**	나는 두려웠다	**verērī**
	sequor	나는 따른다	**secūtus**, a, um **sum**	나는 따랐다	**sequī**
	largior	나는 베푼다	**largītus**, a, um **sum**	나는 베풀었다	**largīrī**

N.B. 라틴어 문장에 나오는 탈형동사의 분사는 각별한 주의를 요한다. 수동태에 없는 현재분사(능동형이자 능동 의미)와 미래분사(능동형이자 능동 의미)가 있으며, **과거분사 역시 능동의미**임을 유의할 것이다. 고전 작가들은 일반 동사의 분사가 갖는 결함을 탈형동사로 보완하곤 하였다.

$$\text{Laudō, āvī, ātum, āre} \qquad \text{칭찬하다}$$
$$\text{laudor, laudātus sum, ārī} \qquad \text{칭찬받다}$$
$$\text{cōnor, cōnātus sum, cōnārī} \qquad \text{노력하다}$$

능동태 현재분사	**laudāns**, ntis 칭찬하는	**cōnāns**, ntis 노력하는	능동태 현재분사
수동태 과거분사	**laudātus**, a, um 칭찬 받은	**cōnātus** 노력한	능동태 과거분사
능동태 미래분사	**laudātūrus**, a, um 칭찬할	**cōnātūrus** 노력할	능동태 미래분사
수동태 미래분사	**laudandus**, a, um 칭찬 받을	**cōnandus** 노력해야 할	당 위 분 사

N.B. 탈형동사의 명령법은 일반동사 수동태의 명령법과 같다.
  e.g., **hortāre**! **hortāminī**!

문제 1. 제1활용 탈형동사 익히기

admīror,	ātus sum,	ārī	탄복하다
cōnor,	ātus sum,	ārī	힘쓰다
cōnsolor,	ātus sum,	ārī	위로하다
cūnctor,	ātus sum,	ārī	주저하다
hortor,	ātus sum,	ārī	격려하다
imitor,	ātus sum,	ārī	본받다
moror,	ātus sum,	ārī	늦추다
populor,	ātus sum,	ārī	거주하다
recordor,	ātus sum,	ārī	기억하다

문제 2. 제1활용 탈형동사 문구 파악

Cōnsōlātae estis - morābātur - cōnātum esse - semper admīrātī sunt
- cōnsōlātum esse - morantī - cōnābāris - cōnsulēs hortābuntur
- cōnsōlāris - morāta erō - cōnātī erunt - vestrī recordāmur
- cōnsōlāns - morātās esse - cōnātīs - diū cūnctātī erāmus -
cōnsōlātūrārum - morātae sumus - cōnandum esse - artem imitandī

문제 3. 제2활용 탈형동사 익히기

fateor, fassus sum, fatērī	인정하다, 고백하다
cōnfiteor, cōnfessus sum, cōnfitērī	고백하다, 예찬하다
tueor, tuitus sum, tuērī	보호하다
intueor, intuitus sum, intuērī	들여다보다
mereor, meritus sum, merērī	공을 세우다, 보수를 받다
misereor, miseritus sum, miserērī	측은히 여기다

문제 4. 제2활용 탈형동사 문구 파악

Tuēbitur - intuitus est mē - miserēbar - patriam tuērī cūnctantur -
tuentis - culpam cōnfitēbimur - misertae estis - cōnfitendum deōs
esse - tuendī cīvitātem - sōl intuendus nōn est - miseritī plēbis -
tuitūrus suōs - tē tuēbantur - misereor vestrī - terram intuentēs -
cōnfessūra amōrem - tuēbiminī - cōnfessa est - īnsidiās intuitus -
nihil scīre cōnfitēbar

문제 5. 제3활용 동사 익히기

cōnsequor, cōnsecūtus, cōnsequī	탐구하다, 얻다
ēgredior, ēgressus sum, ēgredī	나가다
fruor, frūctus sum, fruī (+abl.)	향유하다
fungor, fūnctus sum, fungī (+abl.)	역할을 하다
īrāscor, īrātus sum, īrāscī	화내다
loquor, locūtus sum, loquī	말하다
nāscor, nātus sum, nāscī	태어나다

ūtor, ūsus sum, ūtī (+abl.)	사용하다
morior, mortuus sum, morī	죽다
sequor, secūtus sum, sequī	뒤따르다
proficīscor, profectus sum, proficīscī	떠나다

문제 6. 제3활용 탈형동사 문구 파악

Sequiminī - locūta erit - fūnctīs - discō loquī - sequēbāris - loqueris - fūnctī estis - ad cōnsequendam vēritātem - secūta es virum - locūtūrus - fungēbāminī - tua exempla secūtūrus - sequendī - locūta esse - fungentī - moritūrī moritūrīs - secūtae fortūnam - loquente - sequēns nātūram ducem

문제 7. 제4활용 탈형동사 익히기

experior, expertus sum, īrī	경험하다
mentior, mentītus sum, īrī	거짓말하다
orior, ortus sum, īrī	솟다, 유래하다
partior, parttus sum, īrī	나누다, 배분하다
sortior, sortītus sum, īrī	제비뽑다
potior, potītus sum, īrī	점유하다
largior, largītus sum, īrī	베풀다
mētior, mēnsus sum, īrī	재다, 측량하다

문제 8. 제4활용 탈형동사 문구 파악

Mētiēminī - nātī sumus - potītus castrīs - sōlem orientem - mēnsa est - nāscuntur - pecūniam largīta erās - partītus cōpiās - mētiendōs - nātae erunt - iam bis mentītus es - in mētiendam terram - mēnsūram esse - nātūrus - numquam mentītūrum - labōribus dūrīs expertī - mētientīs - ab eādem mātre nātōs - sōl ortus est - potītus tōtā Galliā

문제 9. 탈형동사 문장 번역

1. Sapientēs nihil admīrantur.
2. Quis custōdēs tuētur?
3. Id ipsum tēcum agere cōnātus sum.
4. Inter varia cōnsilia cūnctāmur.
5. Bene merērī dē rē pūblicā glōriōsum est.
6. Quis loquitur? Quid?
7. Quibus dōna largīrī cupīs?
8. Māgnōs hominēs virtūte mētīmur, nōn fortūnā.
9. Omnia experienda esse arbitror.
10. Dēnuō bellum cīvīle ortum est per tōtam Italiam.

2. 반탈형동사와 불비동사

(1) 미완료 시제에서는 능동형 어미활용을 하고 완료 시제에서는 수동형 어미활용을 하는 동사를 반탈형동사라고 부르는데 다음 네 개가 있다. 뜻은 양편 다 능동의 의미이다.

직설법 현재		직설법 현재완료		부정사
audeō	나는 감히 …한다	**ausus sum**	나는 감히 …했다	**audēre**(+inf.)
fīdō	나는 믿는다	**fīsus sum**	나는 믿었다	**fīdere**(+dat.)
gaudeō	나는 즐겁다	**gavīsus sum**	나는 즐거웠다	**gaudēre**
soleō	나는 …하는 버릇이 있다	**solitus sum**	나는 흔히 …했다	**solēre**

(2) 라틴어 동사 가운데는 완료시제만 갖춘 불비동사(verba dēfectīva)라는 것이 있다. 이 동사들은 이미 완료된 행위의 결과를 보여주므로 의미상으로는 미완료 시제를 겸하고 있다. 현재완료는 현재, 과거완료는 반과거, 미래완료는 미래의 의미로 해석된다.

현재		반과거	미래	부정사
meminī	나는 기억하고 있다	memineram	meminerō	meminisse
nōvī	나는 알고 있다	nōveram	nōverō	nōvisse
ōdī	나는 미워하고 있다	ōderam	ōderō	ōdisse

(3) 라틴어에는 기상(氣象)을 나타내거나 심경(心境)을 나타내는 동사, 당위성(當爲性)을 나타내는 동사들이 비인칭(단수 3인칭) 형태만 잔존하며, 이런 동사를 엄밀한 의미에서 비인칭동사(verba impersōnālia)라고 부르므로 이를 예거한다.

◇ 기상 상태를 나타내는 자동사

e.g., pluit, pluit, pluere 　　　　　　　　　비오다
　　　 illūcēscit, illūxit, illūcēscere 　　　　동트다, 날 밝다
　　　 vesperāscit, vesperāvit, vesperāscere 　저녁이 되다

◇ 심경을 나타내는 동사(의미상의 주어는 대격으로, 심경의 대상은 속격으로 표현한다)

e.g., mē paenitet 　　　　후회한다
　　　 mē taedet 　　　　 싫증난다
　　　 mē miseret 　　　　측은하다
　　　 Paenitet mē peccātī meī. 　나는 내 잘못을 뉘우친다.
　　　 Nōn mē paenitet vīxisse. 　나는 살아온 것을 후회 않는다.

◇ 당위성을 나타내는 비인칭 동사(의미상의 주어가 대격으로 나온다)

e.g., mē decet 　　　　합당하다
　　　 meā interest 　　관계가 있다
　　　 mē oportet 　　　해야 한다
　　　 Parvum parva decent. 　소인에게는 작은 소임이 어울린다.
　　　 Oportet tē abīre. 　　너로서는 떠나야만 한다.

문제 10. 고전 문장

1. Ōdī et amō. (Catullus)
2. Ōdī, nec possum cupiēns nōn esse quod ōdī. (Ovidius)
3. Ōdī prōfānum vulgus et arceō. (Horātius)
4. Ōdit vērus amor, nec patitur, morās. (Seneca)
5. Ōdērunt peccāre bonī virtūtis amōre. (Horātius)

단 어 장

【A】

ab(ā) [+abl.]　…로부터
abeō, abiī, itum, īre　떠나가다
absum, āfuī, esse　없다
ac(atque)　…과, …와
accipiō, cēpī, ceptum, ere　받다
accubitus, ūs m.　누움, 잠자리
ācer, ācris, ācre　날카로운
acerbus, a, um　쓰라린
aciēs, ēī f.　전열, 진지
āctus, ūs m.　행위, 행동
ad [+acc.]　…으로, …에게
adeō, adiī, itum, īre　다가가다
adferō, attulī, allātum, adferre　가져오다
adhūc　지금까지
adiuvō, adiūvī, adiūtum, āre　돕다
admīror, mīrātus sum, ārī　탄복하다
admoneō, monuī, monitum, ēre　권고하다
adnūntiō, āvī, ātum, āre　알리다
adspiciō, spexī, spectum, ere　쳐다보다
adsum, affuī, adesse　출석하다
adulātor, ōris m.　아첨꾼
advena, ae m.　이방인, 외국인
adveniō, vēnī, ventum, īre　도착하다
adversus [+acc.]　거슬러
adversus, a, um　반대의, 역경의
aedēs, ium f.pl.　저택
aedificō, āvī, ātum, āre　집 짓다
aeger, aegra, aegrum　앓는, 병든
aegritūdō, dinis f.　병, 근심
aequus, a, um　공평한
aequō, āvī, ātum, āre　파괴하다
aes, aeris n.　청동, 동전
aestimō, āvī, ātum, āre　여기다
aetās, ātis f.　세월, 나이
afferō, attulī, allātum, ferre　가져오다
afflīgō, afflīxī, afflīctum, ere　괴롭히다

ager, agrī m.　밭, 공유지
agmen, agminis n.　떼, 대열
agnus, ī m.　어린 양
agō, ēgī, āctum, ere　행동하다
agricola, ae m.　농부
alacer, alacris, alacre　민첩한
aliēnus, aliēna, aliēnum　남의
alius, alia, aliud　다른
altus, a, um　높은, 깊은
altāre, altāris n.　제단
alter, altera, alterum　다른 하나
alumnus, ī m.　학생
amābilis, e　사랑스러운
ambulō, āvī, ātum, āre　걷다
āmentia, ae f.　광기, 치기(稚氣)
amīca, ae f.　(여자)친구
amīcus, ī m.　친구
amīcus, a, um　친근한
amīcitia, ae f.　우정
amō, āvī, ātum, āre　사랑하다
amor, ōris m.　사랑
amplus, a, um　널찍한
an　…이냐?
ancilla, ae f.　하녀
anima, ae f　혼, 마음
animal, ālis n.　생물, 동물
animus, ī m.　마음, 생각
annus, ī m.　해, 나이
ante [+acc.]　앞에
anteā　전에
anteferō, tulī, lātum, ferre　낮게 여기다
anteeō, iī, itum, īre　앞서가다
antīquus, a, um　오래 된
aper, aprī m.　멧돼지
aperiō, peruī, pertum, īre　문 열다
appellō, āvī, ātum, āre　부르다
appropinquō, quāvī, quātum āre　접근하다
aptus, a, um　동여맨, 적합한
apud [+acc.]　옆에, 앞에
aqua, ae f.　물

aquila, ae f. 독수리
āra, ae f. 제대
arō, āvī, ātum, āre 밭 갈다
arbitrium, iī n. 중재판결, 임의
arbitror, trātus sum, ārī 여기다
arbor, oris f. 나무
arguō, guī, gūtum, ere 주장하다
arma, ōrum n.pl. 도구, 무기
ars, artis f. 기술, 예술
artus, ūs m. 관절 pl. 사지
ascendō, dī, sum, ere 오르다
asinus, ī m. 당나귀
asper, aspera, asperum 거친
atque(ac) …과
atrōx, atrōcis 가혹한
auctor, ōris m. 소유자
auctōritās, ātis f. 권위, 정권
audācia, ae f. 대담함
audāx, audācis 대담한
audeō, ausus sum, ēre 감행하다
audiō, īvī, ītum, īre 듣다
audītus, ūs m. 청각
auferō, abstulī, ablātum, ferre 가져가다
aureus, a, um 금으로 만든
auris, is f. 귀
aurum, ī n. 금, 금화
auscultō, āvī, ātum, āre 귀담아듣다
aut 혹은
autem 그런데
auxilium, iī n. 도움, 원조
avis, is f. 새
avāritia, ae f. 인색, 물욕
avārus, a, um 인색한

【B】

beātus, a, um 행복한
bellum, ī n. 전쟁
bellus, a, um 아름다운

bene 잘
beneficium, iī n. 호의
benīgnus, a, um 호의를 가진
bibō, bibī (pōtum) ere 마시다
blandus, a, um 아첨하는
bonus, a, um 좋은, 착한
bōs. bovis m.f. 소
brevis, e 짧은

【C】

cadāver, veris n. 시체, 썩은 고기
cadō, cecidī, cāsum ere 떨어지다
caecus, a, um 눈먼
caedēs, is f. 때림, 살육
caelum, ī n. 하늘
campester, tris, tre 들판의
canis, is m. 개
canō, cecinī, cantum, ere 노래하다
cantus, ūs m. 노래, 음악
capiō, cēpī, captum, ere 붙잡다
captīvus, a, um 사로잡힌
caput, capitis n. 머리, 수령
cārus, a, um 귀한, 사랑스러운
careō, uī, ēre 부족하다, 없다
carmen, minis n. 노래, 시가
carthāginiēnsēs, -ium m. pl. 카르타고사람들
castra, ōrum n.pl. 진영, 군진
cāsus, ūs m. 사건, 경우
causa, ae f. 원인, 소송사건
caveō, cāvī, cautum, ēre 삼가다
celeber, celebris, celebre 유명한
celer, celeris, celere 빠른
cēna, ae f. 저녁
cēnō, āvī, ātum, āre 저녁 먹다
certus, a, um 확실한
certō, āvī, ātum, āre 싸우다
cervus, ī m. 사슴
charta, ae f. 종이

cibus, ī m. 음식
circumeō, iī, itum, īre 두루 다니다
circumferō, tulī, lātum, ferre 돌아다니다
cīvīlis, e 시민의
cīvis, is m.f. 시민, 자유시민
cīvitās, ātis f. 도시, 국가
clādēs, is f. 패전, 재앙
clāmō, āvī, ātum, āre 외치다
clāmor, ōris m. 외침
clārus, a, um 환한, 맑은
classis, is f. 함대, 학급
claudō, sī, sum, ere 닫다
clēmēns, clēmentis 관대한
coepī, coeperam, coepisse 시작하다
coerceō, uī, itum, ēre 제지하다
cōgitō, āvī, ātum, āre 생각하다
cognōscō, gnōvī, gnitum, ere 인식하다
cōgō, coēgī, coāctum, ere 강요하다
collis, is m. 언덕, 능선
colō, coluī, cultum, ere 가꾸다
columba, ae f. 비둘기
comes, itis m.f. 동반자, 배우자
committō, mīsī, missum, ere 맡기다
commūnis, e 보통의, 공통의
comparō, āvī, ātum, āre 마련하다
compōnō, posuī, positum, ere 작성하다
concors, cordis 화목하는
condō, didī, ditum, ere 짓다
coniux, iugis m.f. 배우자 pl. 부부
cōnferō, tulī, lātum, ferre 참조하다
cōnfiteor, fessus sum, ērī 고백하다
cōnor, conātus sum, cōnārī 힘쓰다
cōnscientia, ae f. 의식, 양심
cōnsequor, secūtus sum, sequī 탐구하다
cōnsilium, iī n. 결정, 신중
cōnsōlor, sōlātus sum, ārī 위로하다
cōnstāns, cōnstantis 확고한, 항구한
cōnsuētūdō, dinis f. 제도, 관습
cōnsul, cōnsulis m. 집정관
contemnō, tempsī, temptum, ere 경멸하다

contineō, nuī, tentum, ēre 포함하다
contrā [+acc.] 맞은 편으로, 반대로
convalēscō, valuī, ere 튼튼해지다
cōpia, ae f. 다량 pl. 군대
cor, cordis n. 심장, 마음
cornū, ūs n. 뿔, 좌우익
corōna, ae f. 화관
corpus, corporis n. 몸, 신체
corruptiō, ōnis f. 부패
corruptus, a, um 부패한
cotīdiē 매일, 날마다
crās 내일
creō, āvī, ātum, āre 만들다
crēdō, didī, ditum, ere 믿다
crēdulus, a, um 믿을만한
crux, crucis f. 십자가
cubīle, is n. 침상, 잠자리
culpa, ae f. 탓, 유죄
cultus, ūs m. 경작, 숭배
cum [+abl.] 함께
cūnctor, cūnctātus sum, ārī 주저하다
cupidus, a, um 탐하는
cupiō, īvī, ītum, ere 탐하다
cūr 왜?
cūra, ae f. 조심, 보살핌
cūria, ae f. 원로회당
currō, cucurrī, cursum, ere 달리다
custōs, ōdis m. 감시자
custōdiō, īvī, ītum, īre 지키다

【D】

diligens, entis 부지런한
damnōsus, a, um 해로운
damnum, ī n. 손해
dē [+abl.] 대하여
dea, ae f. 여신
dēbeō, uī, itum, ēre 해야 한다
dēcido, cidī, ere 몰락하다

dēcipiō, cēpī, ceptum, ere 속이다
dēcēdō, cessī, cessum, ere 물러가다
decet, decuit, ēre 적합하다
dēfendō, fendī, fēnsum, ere 지키다
dēferō, tulī, lātum, ferre 가져가버리다
deinde 다음에
dēlectō, āvī, ātum, āre 즐겁게 하다
dēleō, ēvī, dēlētum, ēre 파기하다
dēns, dentis m. 이, 치아
dēnuō 다시
dēprāvō, āvī, ātum, āre 타락시키다
dēsīderō, āvī, ātum, āre 원하다
dēsum, fuī, esse 없다
deus, deī m. 신
dexter, dextra, dextrum 오른편의
dīcō, dīxī, dictum, ere 말하다
diēs, ēī f.m. 날, 하루, 낮
differō, distulī, dīlātum, ferre 미루다
difficilis, e 어려운
dīgnitās, ātis f. 품위
dīgnus, a, um 품위 있는, 당연한
dīligō, lēxī, lēctum, ere 고르다, 사랑하다
dīmidius, a, um 이분된, 절반의
disciplīna, ae f. 지식, 학문, 규율
discipulus, ī m. 학생, 제자
discō, didicī, ere 배우다
discordia, ae f. 불화
disperdō, didī, ditum, ere 낭비하다, 망치다
dissimilis. e 닮지 않은
diū 오래
dīvidō, vīsī, vīsum, ere 가르다
dīvīnus, a, um 신성한, 신적인
dīvitiae. ārum f.pl. 재산
dō, dedī, datum, are 주다
doceō, docuī, doctum, ēre 가르치다
doleō, uī, litūrus, ēre 고통받다
dolō, n 꾀
dolor, ōris m. 아픔, 고통
dolus, ī m. 꾀, 속임수
domicilium, ī n. 집, 거처

domina, ae f. 여주인, 주부
dominus, ī m. 주인
domus, ūs f. 집, 가정
dōnum, ī n. 선물
dormiō, īvī, ītum, īre 잠자다
dubium, iī n. 의심, 의문
dūcō, dūxī, ductum, ere 이끌다
dulcis, e 단, 유쾌한
dum …하는 동안
dūrus, a, um 모진, 집요한
dux, ducis m. 길잡이, 장군

【E】

ēducō, āvī, ātum, āre 끌어내다
effectus, ūs m. 결과, 완성
efferō, extulī, ēlātum, efferre 가지고나가다
efficiō, effēcī, fectum, ere 만들다
effigies, ēī f. 모습, 초상
egeō, uī, ēre 부족하다
ēgredior, ēgressus sum, ēgredī 나가다
ēloquēns, loquentis 언변 좋은
ēloquentia, ae f. 언변, 능변
ēligō, ēlēgī, ēlēctum, ere 고르다
ēmittō, mīsī, missum, ere 내보내다
emō, ēmī, ēmptum, ere 사다
enim 그런데
eō, iī, ītum, īre 가다, 오다
epistula, ae f. 편지
equitātus, ūs m. 기병대
eques, equitis m. 기병, 기사
equus, equī m. 말
ergō 그러므로, 따라서
ēripiō, puī, reptum, ere 빼앗다
errō, āvī, ātum, āre 헤매다, 실수하다
ērudītus, a, um 교육 받은, 능통한
et 그리고
etiam 또한
ex [+abl.] …로부터

excitō, āvī, ātum, āre 깨우다, 자극하다
exclūdō, clūsī, clūsum, ere 제외하다
exemplum, ī n. 본보기, 예
exemplar, āris n. 표본, 모범
exeō, iī, itum, īre 나가다
exerceō, cuī, citum, ēre 훈련시키다
exercitus, ūs m. 군대
existimō, āvī, ātum, āre 판단하다, 여기다
expellō, pulsī, pulsum, ere 쫓아내다
experientia, ae f. 경험, 시험
experior, pertus sum, īrī 겪다
exspectō, āvī, ātum, āre 기다리다

【F】

faber, fabrī m. 목수, 장인
fābula, ae f. 신화, 연극
faciēs, ēī f. 얼굴, 형태
facilis, e 쉬운
faciō, fēcī, factum, ere 만들다
fallāx, fallācis 거짓된
fallō, fefellī, falsum, fallere 속이다
fāma, ae f. 소문, 명성
familia, ae f. 가족, 가정
familiāris, e 가정의, 친밀한
fātum, ī n. 운명, 숙명
fateor, fassus sum, fatērī 말하다
faustus, a, um 다행한, 상서로운
fēlīx, fēlīcis 비옥한, 행복한
fēmina, ae f. 여자, 부인
ferō, tulī, lātum, ferre 운반하다, 참다
fera, ae f. 야수, 맹수
ferē 거의
feriō, —, —, īre 때리다, 상처내다
ferōx, ferōcis 사나운
ferreus, a, um 쇠로 만든
ferrum, ī n. 쇠, 무기
fidēs, eī f. 믿음, 신의
fīdō, fīsus sum, ere 믿다

fīlia, ae f. 딸
fīlius, iī m. 아들
fīniō, īvī, ītum, īre 끝내다, 끝나다
fīnis, is m. 끝, 목적 pl. 경계
fīō, factus sum, fierī 되다, 생기다
fleō, flēvī, flētum, ēre 울다
flētus, ūs m. 울음, 통곡
flōs, ōris m. 꽃, 청춘
flōreō, uī, ēre 꽃피다, 번성하다
flūmen, inis n. 강, 강물
fluvius, iī m. 강, 시내
fodiō, fōdī, fossum, ere 파다
foedus, eris n. 동맹조약, 연합
fōns, fontis m. 샘
foris 밖에
fōrma, ae f. 형태, 형상, 용모
fōrmula, ae f. 용모, 형식
fortis, e 건장한, 용감한
fortūna, ae f. 운, 행운
forum, ī n. 광장, 시장
fossa, ae f. 도랑, 구덩이
fragilis, e 부서지기 쉬운
frāter, tris m. 형제, 오라비
fraus, fraudis f. 사기, 범죄, 손해
frūctus, ūs m. 이용, 열매
frūgifer, frūgifera, frūgiferum 비옥한
frūmentum, ī n. 곡식, 식량
fruor, frūctus sum, fruī 향유하다
fuga, ae f. 도주, 패퇴
fugiō, fūgī, fugitum, ere 도망하다
fugitīvus, a, um 달아나는
fundāmentum, ī m. 토대, 근거
fungor, fūnctus sum, fungī 역할을 하다
furor, ōris m. 광기, 분노

【G】

gaudeō, gāvīsus sum, ēre 즐거워하다
gaudium, iī n. 기쁨

gelū, ūs n. 얼음, 한랭
gener, generī m. 사위, 매부
gēns, gentis f. 씨족, 민족
genū, ūs n. 무릎
genus, eris n. 종류, 혈통
gerō, gessī, gestum, ere 수행하다
glaciēs, ēī f. 얼음
gladiātor, ōris m. 검투사
gladius, iī m. 칼, 검
glōria, ae f. 영광, 명성
glōriōsus, a, um 영광을 받는
gracilis, e 야윈, 연약한
grātia, ae f. 호의, 은총
grātuītus, a, um 거저받은
grātus, a, um 고마운
gravis, e 무거운, 중대한
gustus, ūs m. 미각, 맛

【H】

habeō, uī, itum, ēre 갖다, 여기다
haruspex, icis m. 복점관
hērēs, ēdis m.f. 상속자
herī 어제
hiberna, ōrum n.pl. (월동)군영
hic, haec. hoc 이, 이 사람, 이것
hīc 여기
hodiē 오늘
homō, hominis m. 사람, 남자
honestus, a, um 정직한, 명예로운
honestās, ātis f. 정직, 기품
honor, honōris m. 영예, 직위
hōra, ae f. 시간, 시
hortor, hortātus sum, ārī 격려하다
hortus, ī m. 정원, 동산, 뜰
hospes, pitis m.f. 손님, 나그네
hostis, is m.f. 이방인, 적군
hūmānus, a, um 인간적인
humilis, e 낮은, 겸손한

【I】

iaceō, uī, —, ēre 눕다
iaciō, iēcī, iactum, ere 던지다
iam 벌써, 금방
idem, eadem, idem 같은
idōneus, a, um 정당한, 적합한
ignis, is m. 불, 광채
īgnōminia, ae f. 불명예
ille, illa, illud 저, 저 사람, 저것
illūcēscit, illūxit, illūcēscere 동트다
illūstris, e 빛나는
imitor, ātus sum, ārī 모방하다
immemor, memoris 기억나지 않는
immortālis, e 불사불멸하는
impedīmentum, ī n. 방책 pl. 보급부대
imperātor, ōris m. 승장, 사령관, 황제
imperō, āvī, ātum, āre 명령하다
imperium, iī n. 통수권, 제국
impetus, ūs m. 공격, 충격
in [+acc.abl.] 안으로, 안에
incendium, iī n. 화재
incipiō, cēpī, ceptum, ere 시작하다
incola, ae m.f. 주민, 자국민
inde 거기서부터
indūcō, dūxī, ductum, ere 인도하다
indulgēns, gentis 관대한
ineō, iī, itum, īre 들어가다
īnfāns, īnfantis m.f. 유아, 아기
īnferō, tulī, illātum, ferre 갖고들어오다
īnfrā [+acc.] 밑에, 밑으로
ingēns, gentis 거대한, 중요한
inhūmānus, a, um 비인간적
inimīcus, a, um 원수진
inīquus, a, um 불공평한
iniūria, ae f. 손해, 불의
iniūstus, a, um 불의한, 부당한
inopīnātus, a, um 의외의, 갑작스러운
inops, inopis 부족한, 없는
inquiētus, a, um 불안한, 동요하는

īnsidiae, ārum f.pl. 매복, 계략
īnstitūtum, ī n. 제도
īnstruō, strūxī, strūctum, ere 설치하다
īnsum, fuī, esse 안에 있다
intellēctus, ūs m. 지성, 이해
intellegō, lēxī, lēctum, ere 이해하다
inter [+acc.] 사이에
interdum 이따끔, 때때로
intereō, iī, itum, īre 없어지다, 죽다
interficiō, fēcī, fectum, ere 중단하다, 죽이다
intersum, fuī, esse 참석하다, 관계 있다
interveniō, vēnī, ventum, īre 끼어들다
intrā [+acc.] 안에, 안으로
introeō, īvī, itum, īre 들어가다
intueor, tuitus sum, ērī 들여다보다
inveniō, vēnī, ventum, īre 찾다, 발견하다
invidia, ae f. 질투, 반감
ipse, ipsa, ipsum 자체의, 바로 그 사람의
īra, ae f. 분노, 분통
īrācundia, ae f. 분노, 분통
īrāscor, īrātus sum, īrāscī 화내다
irrevocābilis, e 돌이킬 수 없는
is, ea id 그, 그녀, 그것
iste, ista, istud 저, 거 사람, 저것
ita 이렇게
iter, itineris n. 여행, 행로
iubeō, iussī, iussum, ēre 명령하다
iucundus, a, um 유쾌한, 명랑한
iūdex, icis m. 심판인, 배심원
iūdicō, āvī, ātum, āre 판단하다
iugum ī n. 멍에, 산맥
iūs, iūris n. 법, 법도, 정의, 권리
iūstus, a, um 법을 지키는, 정의로운
iūstitia, ae f. 정의, 공정
iuvō, iūvī, iūtum, āre 즐기다, 돕다
iuvenis, is m.f. 젊은이, 장년

【L】

labor, ōris m. 일, 노동, 수고
labōrō, āvī, ātum, āre 힘쓰다, 노동하다
lac, lactis n. 젖, 우유
lacrima, ae f. 눈물
lacus, ūs m. 호수, 물통
laetitia, ae f. 기쁨
laetus, a, um 즐거운, 행복한
largior, largītus sum, largīrī 베풀다
largus, a, um 넓은, 광대한
latrō, ōnis m. 용병, 강도
latrōcinium, iī n. 강도질, 강도단
lātus, a, um 폭넓은
laudō, āvī, ātum, āre 칭찬하다
laudātor, tōris m. 칭송자
laus, laudis f. 영예, 찬양
lēgātus, ī m. 사절, 부사령관
legiō, ōnis f. 군단, 군대
legō, lēgī, lēctum, ere 모으다, 읽다
leō, leōnis m. 사자
levis, e 가벼운, 경쾌한
lēx, lēgis f. 법률
līber, lībera, līberum 자유로운, 면제된
liber, librī m. 책, 장부
līberī, ōrum m.pl. 자녀
lībertās, ātis f. 자유, 자유민신분
lingua, ae f. 혀, 말, 언어
littera, ae f. 글자 pl. 편지
lītus, lītoris n. 해안, 강가
locus, ī m. 장소, 곳
longus, a, um 긴, 오래 걸리는
loquor, locūtus sum, loquī 말하다
lūgeō, lūxī, luctum, ēre 애도하다
lūmen, inis n. 빛, 조명, 광채
lūna, ae f. 달, 보름달
lupus, ī m. 늑대, 이리
lux, lucisf. 빛

【M】

magis 더
magister, trī m. 선생, 지도자
magistra, ae f. 여선생
magistrātus, ūs m. 공권력, 관청
māgnus, a, um 커다란, 위대한
male 나쁘게
mālō, māluī, mālle 더 원하다
malus, a, um 나쁜, 악한
malus, ī f. 사과나무
mandūco, āvī, ātum, āre 먹다
maneō, mānsī, mānsum, ēre 머물다
manus, ūs f. 손, 필적; 떼, 무리
mare, is n. 바다, 바닷물
māter, mātris f. 어머니, 유모
māteriēs, ēī f. 물질, 재료
medicus, ī m. 의사
medius, a, um 가운데의, 보통의
mel, mellis n. 꿀
meminī, memineram, meminisse 기억하다
memor, memoris 염두에 두는, 기억하는
memoria, ae f. 기억, 기억력
mendāx, cis 거짓말하는, 속이는
mēns, mentis f. 생각, 지성, 마음
mēnsa, ae f. 책상, 식탁
mēnsis, is m. 달, 월
mēnsūra, ae f. 측량, 척도
mentior, mentītus sum, īrī 거짓말하다
mereor, meritus sum, ērī 공을 세우다
merīdiēs, ēī m. 대낮, 정오
methodus, ī f. 방법, 체계
mētior, mēnsus sum, īrī 재다
metuō, uī, ere 두려워하다
metus, ūs m. 공포, 두려움
meus, a, um 나의
mīles, mīlitis m. 군사, 보병
mīlitia, ae f. 병역, 접전
minuō, uī, ūtum, ere 감소시키다
minus 덜

minūtus, a, um 작은, 사소한
misceō, uī, mixtum, ēre 섞다
miser, misera, miserum 불쌍한, 불행한
misereor, sertus sum, ērī 불쌍히여기다
misericordia, ae f. 동정, 자비
mītis, e 부드러운, 유순한
mittō, mīsī, missum, ere 보내다
modus, ī m. 절도, 방법, 양식
moenia, ium n.pl. 성벽
moneō, uī, itum, ēre 권고하다, 경고하다
mōns, montis m. 산
mōnstrō, āvī, ātum, āre 보여주다
mora, ae f. 연기, 머뭇거림
morbus, ī m. 병, 질병
morior, mortuus sum, morī 죽다
mors, mortis f. 죽음
mortālis, e 죽을 운명의
mōs, mōris m. 관습, 품행
mōtus, ūs m. 운동, 동요, 변화
moveō, mōvī, mōtum, ēre 옮기다
mox 곧
mulier, eris f. 여자, 부인
multus, a, um 많은
mundus, ī m. 세상
mūnicipium, iī n. (자치)도시
mūniō, īvī, ītum, īre 담쌓다, 갖추다
musca, ae f. 파리
mūtābilis, e 가변적인
mūtō, āvī, ātum, āre 옮기다, 변화하다
mūtus, a, um 말없는, 벙어리의
munus, eris n. 직무, 예물

【N】

narrō, āvī, ātum, āre 이야기하다
nāscor, nātus sum, nāscī 태어나다
nātiō, ōnis f. 출생, 민족, 나라
nātūra, ae f. 자연, 본성, 천성
nauta, ae m. 선원, 뱃사공

nāvis, is f. 배, 범선
nec(neque) …도 아닌
necessitās, ātis f. 필연성, 혈육
negō, āvī, ātum, āre 거절하다, 부인하다
negōtium, iī n. 사업, 직무
nēmō, nēminis m. 아무도 아닌
nēquitia, ae f. 악의
nesciō, īvī, ītum, īre 모르다
neuter, neutra, neutrum 둘 다 아닌
niger, nigra, nigrum 검은
nihil n. 아무 것도 아닌
nimius, a, um 지나친
nimis 너무
nōbilis, e 알려진, 고상한
noceō, cuī, citum, ēre 해치다
nōlō, nōluī, nōlle 원치 않다
nōmen, nōminis n. 이름, 말, 명사
nōminō, āvī, ātum, āre 이름 부르다
nōn 아닌, 아니
nōndum 아직 아니
nōscō, nōvī, nōtum, ere 알다
noster, nostra, nostrum 우리의
nota, ae f. 표, 표시
nōvī, nōveram, nōvisse 알고 있다
novus, a, um 새로운
nox, noctis f. 밤
noxius, a, um 해로운
nūgae, ārum f.pl. 하찮은 짓, 장난감
nūllus, a, um 어느 …도 아닌
numerus, ī m. 수, 운율
numquam 결코 …않는, 절대로 …아니
nunc 지금
nūntiō, āvī, ātum, āre 발표하다, 알리다

【O】

ob [+acc.] 때문에, 앞에, 대신에
obcaecō, āvī, ātum, āre 눈멀게 하다
oboediō, iī, ītum, īre 귀기울이다

obnoxius, a, um 해로운
obscūrus, a, um 숨겨진, 어둑한
obsum, fuī, esse 방해하다
obtineō, nuī, tentum, ēre 차지하다
occāsiō, ōnis f. 기회, 우연
occido, occidī, cāsum, ere 죽다
occīdō, occīdī, cīsum, ere 죽이다
occupō, āvī, ātum, āre 차지하다
oculus, ī m. 눈
ōdī, ōderam, ōdisse 미워하다
odium, iī n. 미움
offerō, obtulī, oblātum, ferre 바치다
officium, iī n. 본분, 의무
offula, ae f. (음식, 고기) 한 조각
olfactus, ūs m. 후각
ōlim 그전에
omnipotens, potentis 전능한
omnis, e 모든
onus, oneris n. 짐, 부담
opera, ae f. 일, 노동
oportet, tuit, ēre 마땅하다
oppidum, ī n. 마을, 도성
oppūgnō, āvī, ātum, āre 공격하다
opus, operis n. 일, 오동, 행위, 업적
ōra, ae f. 경계, 해안, 강변
ōrāculum, ī n. 신탁
ōrātiō, ōnis f. 말, 연설
ōrātor, ōris m. 웅변가, 연사
orbis, is m. 원, 영역
orīgō, ginis f. 기원, 원인
orior, ortus sum, orīrī 솟다
ōrnō, āvī, ātum, āre 갖추다, 꾸미다
ōs, ōris n. 입, 얼굴
os, ossis n. 뼈, 골수
ostendō, tendī, tēnsum, ere 보여주다
ōtium, iī n. 여유, 여가
ovis, is f. 양

【P】

paenitet, tuit, ēre 뉘우치다, 불만이다
pāgina, ae f. 낱장, 페이지
palam 드러나게
pānis, is m. 빵, 양식
pār, paris 같은, 동등한
parentēs, tum m.pl. 부모
pāreō, ruī, —, ēre 순종하다
pariō, peperī, partum, ere 낳다
parō, āvī, ātum, āre 준비하다
pars, partis f. 부분 pl. 당파
particeps, participis 갖추고 있는
partior, partītus sum, īrī 나누다
parum 조금, 적게
parvus, a, um 작은
pater, patris m. 아버지
patior, passus sum, patī 참다, 겪다
patria, ae f. 조국, 고향
paucus, a, um 소수의, 적은
paulō 조금
pauper, era, erum 가난한, 불쌍한
pāx, pācis f. 평화
peccātum, ī n. 잘못, 죄
peccō, āvī, ātum, āre 죄짓다
pectus, pectoris n. 가슴, 심장
pecūnia, ae f. 돈, 재산
pellō, pepulī, pulsum, ere 떠밀다
pendō, pependī, pēnsum, ere 달다
per [+acc.] 통하여, …동안
perdō, didī, ditum, ere 잃다
pereō, iī, itum, īre 없어지다, 망하다
perferō, tulī, lātum, ferre 끌고 가다
perfidia, ae f. 사기, 간교
perīculum, ī n. 위험, 위기
periodus, ī f. 시기, 주기, 계절
permaneō, mānsī, mānsum, ēre 머물다
permoveō, mōvī, mōtum, ēre 옮기다
perniciēs, ēī f. 파멸, 재앙
perpaucus, a, um 아주 적은

perpetuus, a, um 영구한
perspicuitās, ātis f. 명료함
perveniō, vēnī, ventum, īre 도달하다
pēs, pedis m. 발, 보폭
petō, īvī, ītum, ere 추구하다, 청하다
petītiō, ōnis f. 공격, 청원
philosophia, ae f. 철학
pietās, ātis f. 효성, 경건심
piger, pigra, pigrum 게으른
pīlum, ī n. (던지는) 창
pīnus, ī f. 소나무
pīrāta, ae m. 해적
pirus, ī f. 배나무
piscis, is m. 물고기
placeō, cuī, citum, ēre 기쁘게 하다
plānitiēs, ēī f. 평원, 평면
plānus, a, um 평평한
plēbs, plēbis f. 평민, 민중
plēnus, a, um 가득 찬
pluit, pluit, pluere 비오다
plūrālis, e 더 많은
plūs 더
poēma, poēmatis n. 시문, 시가
poēta, ae m. 시인
pōmum, ī n. 과일, 실과
pondus, ponderis n. 무게
pōnō, posuī, positum, ere 놓다
pōns, pontis m. 다리, 교량
pōpulus, ī f. 포플러나무
populus, ī m. 국민, 백성
porta, ae f. 대문, 성문
portō, āvī, ātum, āre 가져오다
possum, potuī, posse 할 수 있다
prae [+abl.] 앞에
praebeō, buī, bitum, ēre 제공하다
praeceptum, ī n. 규칙
praeeō, iī, itum, īre 영도하다
praeferō, tulī, lātum, ferre 낫게 여기다
praemium, iī n. 상, 보상, 상급
praesēns, entis 현재의

praesentia, ae f.　임석, 면전
praesēpe, is n.　구유
praestō, stitī, stitum, āre　…보다 낫다
praesum, fuī, esse　지휘하다
praetereō, iī, itum, īre　지나가다
praetor, tōris m.　법무관
praetōriānus, a, um　법무관의
prāvus, a, um　비뚤어진, 악한
premō, pressī, pressum, ere　누르다
pretiōsus, a, um　귀중한
prīnceps, cipis m.　장, 군주
prō [+abl.]　앞에, 위하여
prōdeō, iī, itum, īre　나아가다
probō, āvī, ātum, āre　시험하다
proelium, iī n.　전투, 접전
prōferō, tulī, lātum, ferre　내놓다
prōfānus, a, um　속된, 비속한
prōferō, tulī, lātum, ferre　늘리다
proficīscor, fectus sum, ficīscī　떠나다
profugus, a, um　도망하는, 쫓기는
prohibeō, uī, itum, ēre　금하다
prōmittō, mīsī, missum, ere　약속하다
prōsum, fuī, prōdesse　유익하다
prūdēns, prūdentis　현명한
prūdentia, ae f.　현명함
pūblicus, a, um　공공의, 국가의
puella, ae f.　소녀, 처녀
puer, puerī m.　소년, 아이
pūgna, ae f.　전투, 접전
pūgnō, āvī, ātum, āre　싸우다
pulcher, pulchra, pulchrum　아름다운
pulvis, pulveris m.　먼지, 흙
pūniō, īvī, ītum, īre　처벌하다
pūrus, a, um　깨끗한, 순수한
putō, āvī, ātum, āre　계산하다, 여기다

【Q】

quaerō, sīvī, sītum, ere　찾다

quālis, e　어떠한
quam　얼마나, …보다
quamdiū　얼마 동안
quandō　언제
quantus, a, um　얼마나 큰
quatiō, quassum, ere　흔들다, 울리다
-que　…과
querēla, ae, f.　불평, 원망
quī, quae, quod　어느, 어떤
quis, quae, quid　누가, 무엇이
quot　얼마나 많은
quotus, a, um　몇 번째의

【R】

rapiō, rapuī, raptum, ere　빼앗다
rārus, a, um　드문, 색다른
ratiō, ōnis f.　계산, 비례, 이성
recordor, cordātus sum, ārī　상기하다
reddō, ddidī, dditum, ere　돌려주다
redeō, iī, itum, īre　돌아가다
referō, tulī, lātum, ferre　보고하다
rēgina, ae f.　여왕, 왕비
rēgnō, āvī, ātum, āre　군림하다
rēgnum, ī n.　왕국, 왕권
regō, rēxī, rēctum, ere　지배하다
relinquō, līquī, lictum, ere　남겨놓다
reperiō, repperī, pertum, īre　재발견하다
requiēs, ētis f.　쉼, 안식
rēs, reī f.　것, 일, 사실, 사정
rēs adversa　역경
rēs pūblica, f.　공화국, 국가
respondeō, spondī, spōnsum, ēre　대답하다
respōnsiō, ōnis f.　답변
respōnsum, ī n.　답변
rēte, is n.　그물, 계략
rēx, rēgis m.　국왕, 군주
rīdeō, rīsī, rīsum, ēre　비웃다, 웃다
rīsus, ūs m.　웃음

rīpa, ae f. 연안, 강안
rosa, ae f. 장미
ruber, rubra, rubrum 붉은
rūmor, ōris m. 소음, 소문

【S】

sacer, sacra, sacrum 거룩한
saepe 종종, 때때로
saevus, a, um 격렬한, 난폭한
sagitta, ae f. 화살
saltem 적어도
salūber, salūbris, salūbre 건강에 좋은
salūs, salūtis f. 안녕, 건강, 구제
sānctus, a, um 성스러운
sānō, āvī, ātum, āre 낫게 하다
sānus, a, um 건강한, 온전한
sapiēns, entis 지혜로운
sapientia, ae f. 지혜, 양식
sapiō, sapīvī, ere 맛보다, 맛내다
satiō, āvī, ātum, āre 만족시키다
saxum, ī n. 돌, 바위
scelus, sceleris n. 범죄, 흉악
schola, ae f. 수업, 학교
sciō, scīvī, scītum, īre 알다
scrībō, scrīpsī, scrīptum, ere 쓰다
scrīptum, ī n. 기록, 문서
scrīptūra, ae f. 필사, 서필
sēcrētō 은밀하게
secundus, a, um 순조로운, 둘째의
sēcūrus, a, um 안심하는, 안전한
sēcūrītās, ātis f. 안전
sed 그러나
sedeō, sēdī, sessum, ēre 앉다
sedīle, is n. 걸상, 의자
sēligō, lēgī, lēctum, ere 가려뽑다
sella, ae f. 걸상, 의자
semper 항상, 언제나
sempiternus, a, um 영구한

senātor, ōris m. 원로의원
senātus, ūs m. 원로원
senectūs, tūtis f. 노년, 노령
senex, senis m.f. 늙은이, 노인
sēnsus, ūs m. 감각, 지각
sententia, ae f. 판단, 의견
sentiō, sēnsī, sēnsum, īre 느끼다
sepeliō, pelīvī, pultum, īre 파묻다
sequor, secūtus sum, sequī 따르다
sērus, a, um 늦은
seriēs, ēī f. 차례, 계열
sermō, ōnis m. 말, 토론, 연설
serva, ae f. 여종, 여자노예
serviō, īvī, ītum, īre 종살이하다, 섬기다
servitūs, ūtis f. 노예신분, 예속
servō, āvī, ātum, āre 아끼다, 보존하다
servus, ī m. 노예, 종
seu 혹은, 또는
sī 만일 …하면
sīcut 이렇게
sīgnum, ī n. 신호, 표지
silentium, iī n. 침묵
silva, ae f. 숲, 수풀
silvester, tris, tre 숲의, 야생의
similis, e 비슷한, 닮은
simplex, licis 단순한, 순박한
simulō, āvī, ātum, āre 흉내내다
sine [+abl.] …없이
singulī, ae, a 하나씩
singulāris, e 단일한, 개인의
sinister, stra, strum 왼편의, 불리한
socer, socerī m. 장인, 시아버지
socius, iī m. 동료, 동지
sōl, sōlis m. 태양, 해
soleō, solitus sum, ēre 늘 …하다
solum, i n. 바닥, 땅
sōlus, sōla, sōlum 혼자서, 오직
solvō, solvī, solūtum, ere 풀다
sonō, sonuī, sonitum, āre 소리내다
soror, ōris f. 자매, 누이

sortior, sortītus sum, īrī 제비뽑다
speciēs, ēī f. 외관, 종(種)
spectō, āvī, ātum, āre 바라보다
spēs, eī f. 희망, 기대
sponte 저절로
statua, ae f. 석상, 조상(彫像)
stēlla, ae f. 별, 성좌
stō, stetī, statum, stāre 서 있다
struō, strūxī, strūctum, ere 쌓다
studeō, uī, ēre 노력하다, 힘쓰다
studium, iī n. 사랑, 열성
stultitia, ae f. 어리석음
stultus, a, um 어리석은
suādeō, suāsī, suāsum, ēre 설득하다
suāvis, e 유쾌한, 온화한
sub [+acc.abl.] 밑에, 밑으로
subeō, iī, itum, īre 당하다
subitō 갑자기
subsum, fuī, esse 소속하다
sufferō, sustulī, sublātum, ferre 지탱하다
sum, fuī, esse 이다, 있다
super [+acc.abl.] 위로, 위에
superō, āvī, ātum, āre 정복하다, 능가하다
supersum, fuī, esse 살아남다
superus, a, um 위에 있는
suprā [+acc.] 위로, 위에
surdus, a, um 귀먹은
surgō, rēxī, rēctum, ere 일어나다
suus, a, um 자기의

【T】

taceō, cuī, citum, ēre 조용히 하다
tāctus, ūs m. 촉각, 만짐
taeda, ae f. 불씨, 불꽃
taedet, duit, ēre 싫증나다
tam 그렇게, 그토록
tangō, tetigī, tāctum, ere 만지다
tantus, a, um 그만큼 큰

taurus, ī m. 황소
tēctum, ī m. 지붕, 집
tēlum, ī n. 창, 화살, 무기
temeritās, ātis f. 우연, 무모함
templum, ī n. 신전, 사당
temptō, āvī, ātum, āre 해보다, 애쓰다
tempus, oris n. 시간, 때
tenāx, tenācis 강경한, 완고한
tenebrae, ārum f.pl. 어둠, 맹목
teneō, tenuī, tentum, ēre 붙잡다
tener, tenera, tenerum 부드러운
terminus, ī m. 경계, 기간
terra, ae f. 땅, 지구, 흙
terreō, uī, itum, ēre 위협하다
terrester, stris, stre 지상의, 육지의
testāmentum, ī n. 유언, 계약
testis, is m.f. 증인, 참관인
theātrum, ī n. 극장
timeō, uī, ēre 무서워하다
timor, ōris m. 두려움, 공포
tollō, sustulī, sublātum, ere 견디다, 들다
tōtus, a, um 온, 전
tractō, āvī, ātum, āre 취급하다
tradō, didī, ditum, ere 넘겨주다, 전하다
trahō, trāxī, tractum, ere 끌고가다
tranquillus, a, um 평안한, 평탄한
trānseō, iī, itum, īre 통과하다
trānsferō, tulī, lātum, ferre 운송하다
trānsitus, ūs m. 통과
tribūnal, ālis n. 재판소
tribūnus, ī m. 호민관, 장교
tribuō, uī, ūtum, ere 베풀다, 부여하다
trīstis, e 슬픈
trīstitia, ae f. 슬픔
tueor, tuitus sum, ērī 보호하다
tum 그러자
tunc 그때에
turpis, e 더러운, 추루한
turris, is f. 탑, 성채
tūtus, a, um 안전한, 무사한

tuus, a, um 너의
tyrannus, ī m. 전제 군주, 폭군

【U】

ubī 어디에
ūllus, a, um 어느 …도 아닌
ultrā [+acc.] 저편에
umbra, ae f. 그늘, 음지
umerus, -ī m. 어깨
umquam 절대로 …않는
unda, ae f. 물결, 파도
ūniversus, a, um 전체의, 전부의
ūnus, a, um 하나, 유일한
urbs, urbis f. 도회지, 도시
urgeō, ursī, ēre 압박하다, 재촉하다
ursus, ī m. 곰
ūsque …까지
ūsus, ūs m. 사용, 경험, 관습
ut …처럼
uter, utra, trum 둘 중의, 둘 다
ūtilis, e 유익한
ūtor, ūsus sum, ūtī 사용하다
uxor, uxōris f. 아내

【V】

vacca, ae f. 암소
valeō, uī, ēre 힘있다, 잘 있다
validus, a, um 강한, 유효한
varietās, ātis f. 다양함, 상이함
varius, a, um 다른, 여러
vāstō, āvī, ātum, āre 파괴하다
vectīgal, ālis n. 세납, 세금
vehemēns, mentis 격렬한, 격한
vehō, vēxī, vectum, ere 실어가다
vel 혹은, 또는
vēlōx, vēlōcis 빠른, 신속한

velut …처럼
venēnum, ī n. 독, 독약
venia, ae f. 용서
veniō, vēnī, ventum, venīre 오다
verbum ī n. 낱말, 단어, 동사
vereor, veritus sum, ērī 두려워하다
vēritās, ātis f. 진리
vērō (verum) 그러나
vērus, a, um 참된, 진실한
vesper, vesperī (vesperis) m. 저녁
vesperāscit, āvit, ere 저녁이 되다
vester, vestra, vestrum 너희의
vestiō, īvī, ītum, īre 옷 입히다
vestis, is f. 옷, 의복
vetō, tuī, titum, āre 금지하다, 반대하다
via, ae f. 여로, 길, 도로
victōria, ae f. 승리
videō, vīdī, vīsum, ēre 보다
vīlicus, a, um 농촌의
vinciō, vīnxī, vīnctum, īre 묶다
vincō, vīcī, victum, ere 이기다
vinculum, ī n. 쇠사슬, 연속
vīnum, ī n. 포도주
violentus, a, um 난폭한
vir, virī m. 남자, 사내, 남편
virgō, inis f. 처녀, 숫처녀
virtūs, ūtis f. 덕, 무용(武勇)
vīrus, ī n. 독약, 병
vīs, vim, vī f. 힘, 기운
vīsus, ūs m. 시각
vīta, ae f. 생명, 삶, 인생
vitium, iī n. 악덕, 악습
vītō, āvī, ātum, āre 피하다
vituperō, āvī, ātum, āre 꾸짖다
vīvō, vīxī, victum, ere 살다
vix 겨우
vocō, āvī, ātum, āre 부르다
volō, āvī, ātum, āre 날다
volō, voluī, vultum, velle …하고 싶다
volucer, volucris, volucre 날으는

voluntārius, a, um　자발적인
voluntās, ātis f.　의지, 정신자세
voluptās, ātis f.　쾌락, 즐거움
vōx, vōcis f.　목소리, 음성, 단어
vulgus, ī n.　군중, 대중
vulnerō, āvī, ātum, āre　상처 입히다
vulnus, vulneris n.　상처
vultur, turis m.　독수리, 매
vultus, ūs m.　얼굴

찾 아 보 기

☆ 문법 용어의 라틴어 표기도 익혀둘 만하다.

【가】

라틴어 명사와 형용사 어미 변화표

1. 명사 어미 변화표

제1변화	제2변화		제3변화		제4변화		제5변화
1. unda	hortus	dōnum	labor	cubīle	frūctus	cornū	diēs
2. undae	hortī	dōnī	labōris	cubīlis	frūctūs	cornūs	diēī
3. undae	hortō	dōnō	labōrī	cubīlī	frūctuī	cornū(ūi)	diēī
4. undam	hortum	dōnum	labōrem	cubīle	frūctum	cornū	diem
5. undā	hortō	dōnō	labōre	cubīlī	frūctū	cornū	diē
0. unda	horte	dōnum	labor	cubīle	frūctus	cornū	diēs
1. undae	hortī	dōna	labōrēs	cubīlia	frūctūs	cornua	diēs
2. undārum	hortōrum	dōnōrum	labōrum	cubīlium	frūctuum	cornuum	diērum
3. undīs	hortīs	dōnīs	labōribus	cubīlibus	frūctibus	cornibus	diēbus
4. undās	hortōs	dōna	labōrēs	cubīlia	frūctūs	cornua	diēs
5. undīs	hortīs	dōnīs	labōribus	cubīlibus	frūctibus	cornibus	diēbus
0. undae	hortī	dōna	labōrēs	cubīlia	frūctūs	cornua	diēs

2. 형용사 어미 변화표

(1) 형용사 제1형: bonus, bona, bonum

	SINGULARIS			PLURALIS		
	m.	f.	n.	m.	f.	n.
1. nōm.	bon-us	bon-a	bon-um	bon-ī	bon-ae	bon-a
2. gen.	bon-ī	bon-ae	bon-ī	bon-ōrum	bon-ārum	bon-ōrum
3. dat.	bon-ō	bon-ae	bon-ō	bon-īs	bon-īs	bon-īs
4. acc.	bon-um	bon-am	bon-um	bon-ōs	bon-ās	bon-a
5. abl.	bon-ō	bon-ā	bon-ō	bon-īs	bon-īs	bon-īs

(2) 형용사 제2형: celeber, celebris, celebre

	SINGULARIS			PLURALIS		
	m.	f.	n.	m.	f.	n.
1. nōm.	celeber	celebr-is	celebr-e	celebr-ēs	celebr-ēs	celebr-ia
2. gen.	celebr-is	celebr-is	celebr-is	celebr-ium	celebr-ium	celebr-ium
3. dat.	celebr-ī	celebr-ī	celebr-ī	celebr-ibus	celebr-ibus	celebr-ibus
4. acc.	celebr-em	celebr-em	celebr-e	celebr-ēs	celebr-ēs	celebr-ia
5. abl.	celebr-ī	celebr-ī	celebr-ī	celebr-ibus	celebr-ibus	celebr-ibus
제2식	fort-is	fort-is	fort-e	fort-ēs	fort-ēs	fort-ēs
	fort-is	fort-is	fort-is	fort-ium	fort-ium	fort-ium
제3식	fēlīx	fēlīx	fēlīx	fālīc-ēs	fēlīc-ēs	fēlīc-ēs
	fēlīc-is	fēlīc-is	fēlīc-is	fēlīc-ium	fēlīc-ium	fēlīc-ium

■ 이 책의 연습문제 해답은 다음 사이트에 실려 있습니다.(질의 응답 받음)
성염 교수 홈페이지　　**www.donbosco.pe.kr**
　　　　　　　　　→ 성염교수 라틴어 교실
　　　　　　　　　→ 라틴어 첫걸음 연습문제 풀이